请给我结果 5

自律才有执行力

姜汝祥 / 著

中信出版集团 | 北京

图书在版编目（CIP）数据

请给我结果. 5, 自律才有执行力 / 姜汝祥著. --
北京：中信出版社, 2020.9（2024.8重印）
ISBN 978-7-5217-1455-5

Ⅰ. ①请… Ⅱ. ①姜… Ⅲ. ①企业管理—人事管理
Ⅳ. ①F272.92

中国版本图书馆CIP数据核字(2020)第023254号

请给我结果5——自律才有执行力

著　　者：姜汝祥
出版发行：中信出版集团股份有限公司
（北京市朝阳区东三环北路27号嘉铭中心　邮编　100020）
承 印 者：北京盛通印刷股份有限公司

开　　本：880mm × 1230mm　1/32　　印　　张：5.75　　字　　数：90千字
版　　次：2020年9月第1版　　印　　次：2024年8月第3次印刷
书　　号：ISBN 978-7-5217-1455-5
定　　价：45.00元

服务热线：400-600-8099
投稿邮箱：author@citicpub.com

目　录

/

第一章
要自律，不要自弃

/

/

第二章
自律定律：
高度决定角度，角度决定思路，思路决定出路

/

/

第四章
自律训练三步法：
自尊、自强与自成的生命内涵

/

/

第五章
30 天自律训练：
从现在起，人生终将不同

/

/

第七章
个人战略：
自由不是随心所欲，而是自我主宰

/

/ 第一章 /

要自律，不要自弃

这是一个古老的传说——鹰的重生。

传说中大多数鹰活到 40 岁左右就死了，但有一种鹰会活到 70 岁，它是世界上寿命最长的鸟之一。

但是要活那么长的寿命，它在 40 岁的时候必须做出艰难而重要的决定，因为当鹰活到 40 岁的时候，它的爪子开始老化，无法有效地抓住猎物。

它的喙变得又长又弯，几乎能碰到胸脯。它的翅膀变得十分沉重，因为此时它的羽毛长得又密又厚，这使得它的飞翔变得非常吃力。

此时，鹰只有两种选择：等死，或经历一个万分痛苦的重生过程，经历 5 个月漫长的蜕变……

于是，它尽全力飞到山顶，在悬崖上筑巢，停留在那里，不再飞翔。

首先它用喙击打岩石，直到喙完全脱落，然后它静静地等待新的喙长出来。

之后，它会用新长出来的喙，把指甲一个一个拔掉。

当新指甲长出来后，它会把羽毛一根一根拔掉。

经历漫长的 5 个月之后，新的羽毛长出来了，鹰又开始飞翔了……它又获得 30 年的寿命。

人生很短暂，也很漫长。说短暂，是说人们在碰到困难或陷入逆境的时候，只要习惯了放弃，习惯了逆来顺受，这个人在生命价值的意义上，心就已经死了，那么生命对他而言还有多少意义？说漫长，是说人们无论碰到什么样的困难，无论陷入什么样的绝境，都相信“天无绝人之路”，都会像鹰一样，让旧的“我”死去，让新的“我”重生。

所谓自律，讲的就是我们在生命中，如何迎接一个又一个“鹰的重生”。

面对不如意，缺少的不过是自律，你没资格自暴自弃

人有悲欢离合，月有阴晴圆缺，人的一生中，谁都会碰到问题或不顺，谁都有可能遭受突如其来的困难或打击，但不同的人对待这些困难或打击的态度是不一样的。

在逆境面前，强者向人们展示的是确认人生的价值，而弱者向人们展示的是对人生的怀疑。强者之所以是强者，是因为在面对逆境时，别人失去了信心，他却在坚持前行。

两个和尚走在江边，看到几条逆流而上的鱼，小和尚说："这些鱼真傻，逆水而游，多费力，多辛苦！"

老和尚说："也许它们正在享受奋斗的快乐，你看见那片黄叶了吗？只有死去的东西才会随波逐流，享受这种安逸。逆水而游，才能享受真正的快乐。"

是的，只有死去的落叶才会随波逐流，有生命的鱼总是会逆流而上；只有行将就木的老人才会明哲保身、但求无过，初生的婴儿总是不停犯错。

这个世界很奇妙，命运给你一个比别人低的起点，是想告诉你，你应该用一生去奋斗出一个绝地反击的故事，这个故事的主题，叫作生命的意义。

然而，总有那么一些人，在面对困境时，选择了另外一种做法，那就是放弃，也就是我们常说的"自暴自弃"。他们有各种各样的理由证明自己的无能为力，以下就是六种非常典型的表现。

第一种典型：因为"穷"自暴自弃。

很多人觉得上天很不公平，为什么有人生下来什么都有，而自己偏偏出生在一个贫穷的家庭？带着这种眼光去看世界，你会觉得人生越来越不公平，仿佛自己的穷是"天生"的，于是就会自暴自弃。

第二种典型：因为感情问题自暴自弃。

据统计，2017 年上半年全国新婚夫妇有 558 万对，离婚的有 185 万对。也就是说，每三个人结婚，就有一个人离婚。城市越大，离婚率越高，北京、上海、深圳、广州的离婚率居全国前四名，天津的离婚结婚比高达 0.6。有人离婚之后心情跌至谷底，觉得自己被抛弃了，生活中的一切也跟着跌到谷底、深渊，因无法自拔而自暴自弃。

第三种典型：因为学业、工作或事业问题自暴自弃。

这类典型群体有三种人：第一种人考不上大学，或者没有考上理想的大学；第二种人找不到工作，或者找不到理想的工作；第三种人为了事业奋斗了几年却一无所获，甚至负债累累。三种人中有相当一部分人感到自己事事不如别人，连走在大街上都觉得被人看不起，因对未来灰心丧气而自暴自弃。

第四种典型：因为健康问题自暴自弃。

生老病死，这是任何人都逃不过去的自然现象，只是有人遭遇得早，有人遭遇得晚，有人经济条件比较好，可以从容治疗，有人家境比较差，要四处举债。在家人或自己遭遇身体健康问题时，不少人会因为孤独、焦虑、恐惧、绝望、急怒、挫折、疏离、沮丧等情绪而自暴自弃。

第五种典型：因为子女问题自暴自弃。

中国有不少父母把子女看成自己的再生，子女的价值就等同于自己的价值；或者把子女看成自己梦想的传承，自己做不到的事，就希望子女能够做到以帮助自己完成这个梦想。他们忘记了子女有独立的人格与选择，当子女达不到他们的希望时，他们就觉得人生无望从而自暴自弃。

第六种典型：因为个人能力或性格问题自暴自弃。

有些人碰到挫折或烦恼时，会把这些挫折或烦恼与个人能力、个人性格挂钩，觉得是自己的能力或性格导致了这些错误，觉得自己的能力就是不行，自己的性格就是怪僻，继而对自己产生憎恶感而自暴自弃。

“破窗效应”：每个自暴自弃者心里，都有条害怕被电击的狗

自暴自弃是如何产生的？社会心理学提出一个理论叫“破窗效应”，以此来解释自暴自弃这种心态的形成过程。

什么叫“破窗效应”？如果你面对的是一个窗明几净的屋子，就会下意识地维持屋子的干净，如果你弄脏了屋子，就会有内疚感或负罪感，会立即把屋子打扫干净。

可如果你面对的是一个窗子破了的屋子，你发现来来往往的人都不在意，就会觉得这个屋子没人在乎，于是就会心安理得地打破其他窗子，而没有任何“道德内疚感”和“负罪感”。

一个人在成长的过程中，顺利的时候内心就相当于窗明几净的屋子，这时他会很努力地追求上进，保持屋子的干净整洁，碰到困难时也会及时行动，这就是我们说的“自律”。

但是，如果你放松了意志，在遇到困难、问题或打击时，放弃了自律，就如同屋子出现了一个“破窗”，以后再碰到同样的情况，你会觉得反正都这样了，再努力也不会有什么希望，就会心安理得地“破罐子破摔”。

有了这样的心理，人就开始进入懒惰的状态，久而久之，他们就习惯了这种生活方式，总是被生活中的事件牵着鼻子走，被动地接受安排，把“破罐子破摔”当成最自然的应对方式。很多时候，他们甚至自己都没有意识到，便做出这样的选择。

这种下意识的选择，行为心理学也有一个术语，叫“习得性无助”。这个术语是这样来的：研究人员将狗关在一个笼子里，只要蜂音器一响，就对狗施以电击，狗被关在笼子里逃避不了电击。多次实验后，蜂音器一响，在电击前先把笼门打开，此时狗不但不逃反而不等电击出现就先倒在地上开始呻吟和颤抖，本来可以主动逃避，却绝望地等待痛苦的来临。它不知道环境已经改变了，或者它不再相信任何改变了。

人同样如此，任何一个“自暴自弃”的人，背后都有一个被“电击”或被“伤害”的故事，就像任何一个不相信爱情的人，身上一定发生过一个轰轰烈烈的爱情悲剧一样。

“习得性无助”中的“习”，就是习惯，当一个人“习惯了无助”，在现实中就会陷入一种绝望和无可奈何的心理状态。

下面我们进一步说明“自暴自弃”者的思维方式，社会心理学有一个专门术语，叫“受害者心态”。

人们一旦进入“习得性无助”状态，有了这种“受害者心态”，为了安慰自己，他们就会寻找很多借口为自己开脱：

如果可以的话，我就会去做，但我真的做不到。

我想做，但是我缺乏天分（或者缺乏金钱，或者缺乏人脉，或者缺乏……条件）。

我想做，我就是没有时间……

我想做，但是这件事没有你想的那么简单……

如果我父母在我年轻的时候多给我点儿支持，我就做成了。

如果年轻的话，我就做了，但现在，我已经……

孟子曾经说过：“自暴者，不可与有言也；自弃者，不可与有为也。”意思是：“损害自己的人，不能和他谈出有价值的话语；

抛弃自己的人，不能和他做出有价值的事业。”

还有这样的说法，“自助者天助之，自弃者天弃之”。意思是，自信地生活并积极地行动，命运、上天就会对你格外关照；如果遇到困难，受到挫折，你放弃自己，失去自信，命运、上天只会放弃你。

事实上，绝大多数自暴自弃的人，都是在仍然有选择的时候，选择了“自暴自弃”，可有一天当你真的在病床上躺了几个月，真的没有选择的时候，你就什么都明白了……

这个时候你会发现谁都怕你：亲戚朋友怕你借钱；爹妈怕你治不好；配偶怕被你拖累；领导怕你不能回来工作，赶紧找人替代你；医生怕你支付不起医药费，随时看你卡内的余额。

到那时，你突然发现，现实是躲避不了的；到那时，所谓“愤青”与“清高”全然不管用了……

到那时，你才发现，天天抱怨的你，未必真的有资格自暴自弃。

受害者陷阱：可怜之人必有可恨之处

天有不测风云，人有旦夕祸福，每个人都会碰到困难与挫折，没有人例外，但总是有很多人被失败困扰，他们无助彷徨，他们迷茫失措，最终一事无成，他们不知道为什么自己总是迈不过这个坎儿。

问题出在哪儿？出在思维方式上。“自暴自弃”的人，看任何问题总是选择从负面的角度看，总是抱怨自己遭受的不公和委屈，他们所有的话都可以用一个公式来总结，那就是“因为……不能，所以我……不幸”。比如：

> 因为老板不能赏识我的才能，看不到我的价值，所以我在工作中无法发挥全部才能，涨不了工资。
>
> 因为同事做事只考虑自己，碰到利益都在争，而我从来不与他们争，也不愿意出头，所以我至今仍然是一个小职员。
>
> 因为现在社会上都是有关系有后台的人才能混得好，所以我不好的处境都是社会造成的。

这类说法背后的深层原因，社会心理学称为“受害者心态”——一种典型的弱者心态。他们在任何情况下都把自己看成“受害者”，把自己的处境或不幸归于“他人”或“社会”，认为自己处处遭受着不公平对待，而自己对此无能为力。

正因为有这样一种“受害”心理，所以，碰到问题的时候，他们会本能地向外部寻找问题的“责任人”，寻找“不承担责任的理由”，有时甚至会故意“受苦”，让事情变得更糟。

比如大家都很熟悉这样的例子，在吵架的双方中，总是弱小的一方试图激怒明显比自己强大的一方："有本事你打我，你不打我你就是孬种，你打呀，你打呀！"

比如，某些行人与司机发生争执会故意挡在车前叫喊："你有胆就开过来轧死我，不敢你就是胆小鬼！"

很多人觉得无法理解，当冲突发生时，明明弱小的一方打不过，明明行人在车辆前会受伤，可为什么他们要把事态扩大，让自己承受更大的损失呢？

心理学家会告诉你，在"受害者心态"下，弱势一方的目的是要证明："一切都是你的错！"至于自己在这个过程中会不会受到更大的伤害与打击，已经不是他们考虑的重点，他们觉得惩罚别人的快感超过了自己的损失。

我们知道，凡事之所以成立，一定有其好处。那么，"受害者"这样做会得到什么好处呢？这要从人类生命成长的模式说起。

从婴儿时开始，孩子就知道如何通过"哭"获得大人的关注和补偿。孩子的哭泣分为生理需求和心理需求两种，孩子在饿了、渴了、尿了等情况下，通过哭泣获得帮助，当需求被满足之后他们就不会再哭了。

而心理需求完全是另一回事，孩子希望大人陪在他们身旁，和他们聊聊天，说说话，或是陪他们一起玩。有什么好的办法把大人吸引过来呢？那就是哭！

正是这样，有些孩子哭，只要大人一走近哭声就会停止，因为他们的目的是要人陪伴。只要满足了这种心理需求，他们就不会再哭了。

孩子是很聪明的，当他们发现“哭”这一武器非常有效时，他们就会采取“假哭”的方式获得他们想要的一切，这就是“会哭的孩子有奶吃”的由来。

所谓“受害者心态”实际上就是“婴儿心态”，拥有这种婴儿心态的人外表是成人，内心却是婴儿。以婴儿的心态看成人的世界，就会认为自己很可怜，好像整个世界都对自己不够好，他会时时陷在不被理解的困境与受伤的感觉里。

怎么办？这时，孩童时代的“装哭”技巧就派上用场了，他们装成“受害者”，以“我很惨”获得好处，到处寻找可以依赖的“大人”。所以，“受害者心态”与“强人依赖”，是一件事的两面，因为必须有“大人”，“孩子”的哭才有用。

中国传统文化中有一种小农文化，其核心就是这种“大人”与“孩子”的文化。在国家层面，百姓需要一个“皇帝”；在家庭层面，孩子需要一个可以依赖的“家长”。

这样的结果是，家庭里实施“听话教育”，社会上实施秦始皇那样的“愚民政策”，强调“听话照做”，不允许人们有独立的思想。可既然你不让我有独立思想，那么一切责任就要由你承担：

因为我听话了，我一切都是按照你说的来做的，如今我搞成这样，你必须对我负责！

这就是“听话就不必负责任”的思维模式：因为不是自己的责任，自己是不公平待遇的受害者，因此无法做出任何让自己更好的改变。更可怕的是，这样的人总是站在“道德”的制高点上：一切都是别人的错，我是受害者！

这也是我们这个社会“巨婴现象”特别严重的原因，许多人习惯于做“不完整的自己”，依赖于各种强者，靠别人的强大与帮助获得好处。

有句话说得特别好，“可怜之人必有可恨之处”，如果我们跳出表面的“可怜”寻找背后的原因，就会发现今天的可怜其实是过去很多“可恨”的做法导致的。

更恐怖的是，这些可恨的做法，在当时却是当事者自觉自愿去做的。那时的当事者，就像陷入了“精神传销”一样，你想拉都拉不回来。

所以，当我们要“自律”的时候，实际上是在说，要把自己当成一个成人，自己的命运自己负责。当我们说不要做弱者的时候，实际上是说，不要做“巨婴”，不要把自己当成“受害者”。

每个人都应当记住，18 岁之后，你所有的生命价值，都是由你的行为决定的，你所说的每句话，你所做的每件事，都在体现你的生命价值。

一个文明的法制社会，是建立在每个人对自己负责的自律之上的。如果你不“装哭”，能够自己做的就自己做，自己做不了的就学习或与别人合作，那么这些问题还会发生吗？

很多时候，大家面对的都是同样的处境，为什么有人选择自律自强，有人却选择自暴自弃？有什么办法让“自暴自弃者”走向“自律自强”？

自律还是自弃？世界上最大的谎言，就是有人说你不行

如果我们把逆境比喻成“魔”，把战胜逆境比喻成“道”，那么，你会惊奇地发现，在我们的日常话语中，“魔高一尺，道高一丈”和“道高一尺，魔高一丈”这样两种意思完全相反的说法，居然同时存在。

现在的问题是，哪些人被逆境压倒，体现为“道高一尺，魔高一丈”？又是哪些人战胜了逆境，体现为“魔高一尺，道高一丈”？

答案取决于你对待逆境的态度，凡是懂得自律、以积极心态面对逆境、会对自己的人生负责的人，无论“魔”如何高，“道”始终会超越“魔”。凡是以“受害者心态”对待逆境的人，无论用

什么样的“道”，碰到的“魔”都会更厉害。

这就是自律如此重要的原因，自律是医治“受害者心态”最好的解决办法，所谓自律，就是把自己看作“成人”，把自己当成独立的个体，不论痛苦还是快乐，都是自己的选择，和任何人无关。

是的，自律并不是一种简单的自我约束，而是自我生存状态如“鹰”般的“重生”，自律能够给我们每个人第二次生命——从“身体的独立”重生为“精神的独立”。

什么叫精神的独立？就是对自己的行为负起全部责任，不管你之前受了多少苦，受到多么不公平的待遇，都没有人会替你的生命与痛苦负责。

唯一能为我们生命负责的，是我们自己。所以，今天的结果无论是好是坏，都要由自己承担，因为我们知道，责怪社会也许能够体现你对社会不公的正义感，却对你现状的改变没有意义。

这难道不对吗？社会不也是由我们每个人组成的吗？要改变社会，首先要从改变自我开始，改变了自己，就改变了社会。

怎么改变？有一个词叫“魔考”，这是对自律最好的解释，“魔考”是什么意思？就是“无魔不成道”，如果没有人本性中的“趋利避害、厌恶风险、放任懒散”等“魔性”，自律之“道”就无从谈起。

是的，自律的人同样会碰到大多数人难以拒绝的诱惑，但是，他们懂得如何控制自己，他们会有原则地对待事物，以积极的心态掌控自己的行为：

在事业上，即使面对一次又一次的失败，也要坚持向着目标努力。

在健康上，即使非常想躺在沙发上看电视，也会起身去健身锻炼。

在生活中，即使面对老人生病、孩子上学、房贷、车贷等巨大的压力，脸上也会挂着从容的微笑。

因为他们懂得自律，懂得把一句话写在自己的心里，那就是："天将降大任于斯人也，必先苦其心志，劳其筋骨，饿其体肤，空乏其身，行拂乱其所为。"

面对一时的快乐，自律的人懂得延迟享受。

面对过分的要求，自律的人敢于大声说不。

面对伤害，自律的人把它当成磨炼心志。

面对离别，自律的人把它当成激发自立。

面对阻碍，自律的人把它当成训练能力。

面对斥责，自律的人把它当成挖掘智慧。

面对藐视，自律的人把它当成唤醒自尊。

伟大的哲学家苏格拉底在《申辩篇》里说过，“好人不可能受到一个坏人的伤害”。苏格拉底是一位伟大的哲学家，但你可能不知道，他娶了一个心胸狭窄、顽固不化、唠叨不休、动辄破口大骂的女人，在西方，“苏格拉底的妻子”是悍妇、坏老婆的代名词。

有一次，苏格拉底和学生们探讨问题，互相争论的时候，他的妻子气冲冲地跑进来把苏格拉底大骂了一顿，之后又提来一桶水猛地泼到苏格拉底身上。

在场的学生都以为苏格拉底会怒斥妻子一顿，哪知苏格拉底摸了摸浑身湿透的衣服，风趣地说：“我知道，打雷以后，必定会下大雨的。”

有人不解地问苏格拉底：“您当初为什么要选择这样一位妻子？”

苏格拉底回答：“擅长马术的人总要挑烈马骑，骑惯了烈马，驾驭其他的马就不在话下了。如果我能忍受这样的女人，恐怕天下就再也没有难以相处的人了。”

这个传说是否属实是另一个问题，但这个传说证明了“魔”与“道”同时存在的时候，懂得自律的人，无论“魔”如何高，他的“道”始终都会超越“魔”。

“不忘初心，方得始终”，便是这个道理。我们要懂得，能够对自己负责的，只有自己。

世界上绝大多数成功者都是优秀的自律者，正如伟大的管理大师德鲁克所说，管理者管理别人，而优秀的管理者能够管理自己，他们能够做到：

不用检查，就能够自觉地按目标要求行动。

不用提醒，就能够自觉地控制自己的情绪。

不用监督，就能够自觉地兑现自己的承诺。

不用处罚，就能够自觉地承认自己的错误。

这个世界上最大的谎言，就是有人说你不行。

/ 第二章 /

自律定律：

高度决定角度，角度决定思路，思路决定出路

“金子和水，哪个更有价值?”

所有人都会说是金子。但是问题变成:“如果行走在沙漠中，金子和水哪个更有价值?”答案不言而喻，当然是水。

还记得李白的诗句“天生我才必有用”吗?意思就是，每个人的价值都不一样。所谓价值，其实是环境的产物，只要环境变了，比如在沙漠中，水的价值就比金子高很多。

所以我们应该调整高度，换个角度去思考我们自己的人生价值，如果你是水，为什么要到市场上与黄金比价值呢?你应该到沙漠中去体现价值呀!

记住，每个人都是独立的个体，都有属于自己的生活方式。你不可能成为别人，别人也不可能成为你。

想想吧，1元的打火机也能点着1万元的香烟，几万元的一桌菜还是离不了2元一包的盐，打火机与名牌香烟，昂贵的菜与盐，各有各的价值。

爱因斯坦说，“独立思考能力是老天给我们的不可多得的天赋”，并称其为“内在自由”。是的，独立思考的价值，就是通过重新认识自己，找到生命中独特的宝藏。

生命中最伟大的力量，就是生命本身。我们天天寻找的宝藏，其实就在眼前，你只需要做一件事，那就是别再往外寻找，而是往里看，往自己的内心看。

高度决定角度，角度决定思路，思路决定出路

有这么一段话，大概意思是，“站在 80 层楼往下看，满眼都是美景，从 2 楼往下看，满地垃圾。人若没有高度，看到的都是鸡毛蒜皮；人若没有思路，看到的都是问题。世界不会直接给你荣华富贵，给你的只有机会，这个时代什么都不缺，缺的是你走出来的勇气”。

是的，人生就是如此，站在战略高度，把自己的格局放大，你会发现很多美的事物，发现很多有价值的事情。而每天陷入柴米油盐中，格局就变小了，你会沉湎于烦琐的小事中，即使有美景，你也发现不了。

是的，你对世界是什么态度，世界对你就是什么态度，走出鸡毛蒜皮的小圈子，全新的世界就会来到你的眼前，走不出柴米油盐的琐事，眼前的各种问题就是你的全世界。

这说明，一个人的目标与梦想决定了他看问题的高度，决定

了他看问题的角度。而一个人看问题的角度，又决定了他做事的思路，有什么样的思路，就有什么样的出路。

目标决定高度，高度决定角度，角度决定思路，思路决定出路，这就是我总结的自律定律。

举个例子，比如我们做事的时候，什么叫目标决定高度，高度决定角度？站在人生目标的高度，问问自己："我这一生到底想要什么？"再问自己："年轻时不拼一把，要青春做什么？"从这样的目标与高度出发，看问题的角度自然会大不一样。

什么叫角度决定思路？从奋斗的角度出发，问问自己："马云从英语老师变为企业家，是什么造就了他？""娃哈哈的宗庆后，由校办工厂的销售员成为企业家，他是如何做到的？"以这样的角度看问题，你就会懂得"时势造英雄"，就会去想该如何赚趋势的钱。

什么是思路决定出路？在紧跟时代趋势这样的大思路下，你会发现，移动互联网每天都在创造新的奇迹，别人能行，你为什么不行？不会怎么办？学！

按照自律定律，重新检视一下我们过去做事的方式，加以对照，这样的做法与平常我们做事的方式有什么不同？

比如与人交往，什么叫目标决定高度，高度决定角度？站在人生目标的高度，问问自己我到底需要什么样的朋友？到底什么样的朋友才有益于实现我的目标？这样，选择朋友的角度就变了。

什么是角度决定思路？有什么样的目标，就有什么样的朋友，选择朋友的角度变了，就会懂得不同的圈子造就不同的人。真正的朋友不在酒肉饭桌上，而是要看你们对这个世界的看法、对人生的态度有没有共同点。只有价值观相同的人建立的友谊才能更长久。

什么是思路决定出路？懂得了什么样的朋友是真朋友，才会对身边的人重新定位：哪些是生活上的朋友？对生活上的朋友要讲友情。哪些是事业上的朋友？对事业上的朋友要讲利益，因为对做事来说，没有永恒的朋友，也没有永远的敌人，只有永恒的利益。

这就是按照自律定律重新思考我们的人际关系。对照一下，这样的方式与平常我们交朋友的方式有什么不同？

相反，站的高度不够，思考问题的角度就会局限于眼前的问题，容易出现“受害者心态”，把责任推给社会或他人，自己会陷入无助的境地。

看看我们身边，这样的人还少吗？

多少人在父母的劝说下，在周围人的示范下，把所有的钱早早地拿来购房，然后成为房奴，活着就是为了还房贷，等把房贷还完了，就到退休的年龄了。

多少人住着装修豪华但充满甲醛、氡辐射的大房子，却不愿意多花些钱买有机蔬菜，安装好一点儿的空气净化器或饮水机，总觉得媒体报道的那些因装修得白血病，因农药超标得癌症的人离自己太遥远了。

多少人每个月肯花上千元保养自己的好车，却不愿花几百元买营养品保养自己的身体；多少人愿意大把花钱到饭店大吃大喝，却不愿意花几百元进健身房，等到有一天进医院的时候，才发现一切都晚了。

多少父母肯每月送小孩去医院打针吃药治疗反复发作的感冒，却不愿想想如何提升孩子的免疫力，因为觉得孩子病了，去了医院就好了。多少人肯天天守着孩子学钢琴、学艺术、学奥数？他们更愿意去打麻将、吹牛、瞎扯，这就是不懂得“身教大于言传”的道理。

多少人把周末、闲暇时间都花在追肥皂剧上，天天流泪、开心、纠结、情绪波动，却不愿多花点儿时间看书，学习新知识新技能，跟上新趋势，等到哪天失业了，突然发现自己被时代抛弃了。

人生就是这样，当命运给了我们水泥，有人会用它做出向上攀登的台阶，也有人会把它做成绊脚石。

把水泥做成向上攀登的台阶的人，看问题的角度是积极乐观的，在困难面前，他们知道改变不了外界的环境，但他们可以改变自己对待困难的态度与行为，进而改变结果。

与此相对应的，是把水泥做成绊脚石的人，他们看问题时往往把自己当成“受害者”，即使明明有机会突围，也会选择“灰色”的道路。

他们即使没有什么烦恼，也总是不高兴。

他们把一生中的大部分时间都花在抱怨上。

他们总是在灯开着的时候寻找黑暗的地方。

他们总是在生活的镜子中寻找裂缝。

他们相信阳光照射只是为了投下阴影。

他们在听说有很多人死在床上时，甚至害怕在床上睡觉。

他们无法享受健康，因为他们觉得自己随时都会病倒。

他们不仅设想最坏的结果，而且往往把事情引向坏的结果。

他们记不起幸福，总是想着他们的烦恼。

他们知道未来要靠超越自己、肯定自己才能获得，却总是存在“为什么要冒险，也许保持现状未来也不错”的侥幸心理。

有人把这些归结为“情商”，我觉得不太确切，准确地讲，这就叫世界观——我们看问题的角度。

我们为什么要自律？你怎样对世界，世界就怎样对你

自律定律揭示了一个基本原理，自律并不是简单的自我约束，也不是“自虐性”地一味吃苦自乐，而是跳出现象（出路）看本质（高度），找到根本原因（角度），找出解决方案（思路），这一逻辑也可以总结为：

出路背后是思路

思路背后是角度

角度背后是高度

高度背后是目标

如果没有出路，那是因为我们的思路错了。思路为什么会错？那是因为我们看问题的角度错了。角度为什么会错？那是因为我们站的高度不够。高度为什么不够？那是因为我们没有从目标出发，要求自己自律。

自律定律是我从社会心理学的角度总结出来的，从社会心理学的角度看，世界是客观的，但世界给予每个人的感受是不一样的：有人觉得这是一个冷漠、充满敌意、没有关爱的世界，也有人觉得这是一个让我们感到温暖、充满爱的世界。

“世界观”这个词很吓人，好像是要讲什么大道理，其实，

世界观就是我们对外界的反应，有不同的世界观，就有不同的看问题的角度。

比如早晨醒来，看到天气灰蒙蒙的要下雨，有人会觉得今天不是个好日子，凡事都不顺，于是心情变得糟糕起来。

可奇妙的地方在于，人的行为是由感受控制的，你是怎么感受的，你就会怎么行动。比如，当你心情不好去做事的时候，你会带着情绪，很可能会与人争吵，以发泄这种情绪。

著名政治家丘吉尔说过，“从让一个人生气的事情大小，就能看出一个人的价值”。是的，如果天气这样的小事都能够左右你的情绪，那么这一生你还有多少价值?

所以，一个人自律的程度，是由他对待世界的态度决定的，这是自律背后的原理：你怎样对世界，世界就怎样对你。如果一件小事就能影响你的情绪，那么这个世界回报你的方式就是，所有有能力的人都会离你而去。

为什么我们对待世界的态度这么重要？那是因为“世界”对每个人而言都可以分为两个部分，一个叫外部世界，另一个叫内部世界。外部世界是客观存在的，比如糖是甜的，天会下雨，它们都是不以人的意志为转移的客观现象。

但内部世界就不一样了，有人喜欢甜，有人不喜欢甜；有人喜欢下雨，有人不喜欢下雨，而这些“喜好”会影响我们的情绪，进而影响我们的行为。

比如，一位农妇不小心打破了一个鸡蛋，这是件再平常不过的事，她却心情很差，因为她在想，一个鸡蛋经孵化后可以变成一只小鸡，小鸡长大后成了母鸡，母鸡又可以下很多蛋……

最后农妇大叫："天哪！我失去了一个养鸡场！"

听起来似乎很可笑，可很多人不就是这么看待问题的吗？失恋的时候，有没有人认为自己不再相信爱情了？在这里，失恋就相当于打破了一个鸡蛋，有没有人因为打破了鸡蛋（失恋），进而觉得自己失去了一个养鸡场（爱情）？

有没有人因为做错了一件事，就觉得自己在这个单位前途无望了？做错了一件事，就相当于打破了一个鸡蛋，觉得自己在单位前途无望，就相当于失去了整个养鸡场。

当我们觉得这个故事太夸张，进而嘲笑这个农妇的时候，我们有没有想过自己在面临问题、困难与打击时，其实也与农妇打破鸡蛋差不多，把失去一个鸡蛋的痛苦放大成失去一个养鸡场的痛苦。

这就是我们要自律的原因。因为我们需要通过自律打破这种"恶性裂变思维"——一个鸡蛋破了，你并没有失去整个养鸡场；与恋人分手了，你没有失去一生的爱情；做错了一件事，你也没有失去在单位的前途。

问题是我们应该怎么做？回答是"自律"。

自律定律告诉我们：如果没有出路，那是因为我们思路错了。

思路为什么会错？那是因为我们看问题的角度错了。角度为什么会错？那是因为我们站的高度不够。高度为什么不够？那是因为我们没有从目标出发，实现自律。

按照自律定律，新目标决定新高度，新高度决定新角度，新角度决定新思路，有了新思路，才会有新出路。

要知道，一个人站在高处，自然能登高望远，一览众山小，这是站在高处的每个人都可以做到的，这并不难。但如果有人站在山脚下，却能像站在高处的人那样看见远方的风景，那就叫自律。

所以，自律并不是很多成功学那种口号式的解决方法，而是来自对人生的战略规划，来自对未来梦想的追求，心在高处，眼光自然就变了。这就如同一个山村学生定下了考大学的目标，此时他不再属于山村，而是属于远方的大学。

就像德鲁克说的那样，一个普通的员工，如果能够站在首席执行官的角度思考问题，实际上他就在做首席执行官的工作。而一个首席执行官，如果总是喜欢去做具体的事，他实际上就是一个普通员工。

所以，在本书中，我专门写了一章教你如何做人生规划（见第七章），当你有了目标与梦想时，你才会有高度，才会有角度，才会有思路，也才会有出路。

自律的原理：你，可以用改变自己来改变世界

2007年诺贝尔生理学或医学奖获得者是三位科学家，其中两个是美国人奥利弗·史密斯和英国人马丁·埃文斯。记者问他们："科学家要获得成功最重要的心理素质是什么？"他们回答，内心拥有"快乐基因"，是科学家成功的重要秘诀。

科学家应当是个乐观主义者，因为大部分时间他们的那些实验都行不通。如果生来具备一种"快乐基因"，那么对他们的成功会有很大的作用。

所谓"快乐基因"，其实就是以积极的心态面对失败或困难。有这样一个故事，讲述一名世界级的棒球手是如何从失败中成长的。

当他还是一个小男孩在玩棒球的时候，他就对自己说："我能够打好这个球！"但大多数时候，当他向空中丢球并挥棒击球的时候，他都打不中。

每当这样的情况发生时，他都会毫不迟疑地捡起球再往上抛一次："我能够打好这个球！"

结果仍然是落空！但他还是会高高兴兴地再丢一次球，更加集中精神，更坚定地对自己说："我是世界上最棒的击球手！"尽全力挥棒击打，嗖！打中了！

结果他打中的次数越来越多，当他站在领奖台上，记者问他

成功的秘诀时，他咧嘴冲天空一笑："上帝是不会让一个击不中球的孩子降生的！"

从这个故事中，我们看到了什么？我们看到了一种机理，我称其为自律原理——你如何看待这个世界，这个世界就如何回报你，你对世界做什么，世界就对你做什么。反过来，你收到的，全是之前你对世界所做的。

所以，当面对困难或失败而你不能改变它们时，不要轻言放弃，因为你可以改变对困难或失败的看法，进而改变事情的结果。

科学家在面对失败时，不会轻言放弃，却会改变对失败的态度。爱迪生在发明灯泡时，失败了上千次。曾有人讥讽他："你失败了上千次，真了不起！"爱迪生却坦然地说："先生，你错了，我只不过是证明了这上千种材料不适合做灯丝而已……"

那个击球的小孩，在面对击不中球这一失败现象时，并没有轻言放弃，而是改变自己对失败的态度："我是世界上最棒的击球手！""上帝是不会让一个击不中球的孩子降生的！"

美国伟大的民权运动领袖马丁·路德·金一生受到无数次的恐吓，曾十次被人以各种各样的方式监禁，三次入狱。他三次被行刺，第一次被精神病人捅了一刀，第二次在教堂被扔炸弹，第三次则是 1968 年 4 月 4 日遇刺身亡。

但马丁·路德·金生前并没有轻言放弃，他说："即使我知道明天世界就要毁灭，我也会种下我的苹果树！”1963 年，他在林肯纪念馆的台阶上发表了“我有一个梦想”的演讲，至今仍然影响着全世界，1964 年，他被授予诺贝尔和平奖。

丘吉尔在 1940—1945 年及 1951—1955 年两度任英国首相，在多次失败与挫折中，他没有轻言放弃，而是带领英国人民取得反法西斯战争的胜利。他说：“成功就是面对一次又一次的失败从不丧失热情！”

伟大的物理学家爱因斯坦提出相对论，但获得的是同行的嘲笑与打击，他没有轻言放弃，在《我的世界观》中，他认为自己对世界的看法是他无穷无尽创造力的源泉。他说他每天上百次地提醒自己，他的精神生活和物质生活都依靠别人（包括活着的人和死去的人）的劳动，他必须尽力以同样的分量来回报他所领受的和至今仍在领受的东西。

想想吧，“文王拘而演《周易》；仲尼厄而作《春秋》；屈原放逐，乃赋《离骚》；左丘失明，厥有《国语》”；太史公受辱而作《史记》，杜甫流落乃成《三吏》《三别》，吴敬梓落第方有《儒林外史》，曹雪芹困顿而著《红楼梦》……

中国历史上这些辉煌灿烂的文明成果，无一不是作者饱受“磨难”、眼前尽是黑暗时完成的，他们在困境中没有轻言放弃，而是坚持前行，成为一代伟人！

记住，你如何看待这个世界，这个世界就如何回报你，这就是现实世界与心理世界的互动关系，这种关系就是自律的原理。当你说“面对失败，我尽力了，实在是无能为力”时，这个世界回报你的就是“习得性无助”，就是“受害者心态”。

而当你说“面对困难或失败，我不会轻言放弃，我可以改变自己对待困难和失败的态度，我没有失败，相反我积累了更多成功的经验”时，这个世界回报你的就是成功。

记住，生命是在困难中强大起来的，逃避痛苦与失败，就消灭了成长与强大。如果你把碰到的问题当成上天给你的一份礼物，就能让自己变得更坚强。

你将懂得自律的原理深藏在“天无绝人之路”这样的奋斗者的心里，没有风雨就不会有彩虹，没有跌倒就没有爬起。眼前的黑暗意味着黎明即将来临，因为“上帝为你关上一扇门，一定会为你打开一扇窗”。

自律的原理，就是大自然的生命力原理，世间万物的变化本身就包含着矛盾的统一，有白天就有黑夜，有春天就有冬天，有快乐就有伤痛，有成功就有失败，这是上天对大自然和人类最普通的安排。

你见过没有摔过跤就学会走路的孩子吗？你碰到过一生中凡事都顺利的人吗？冬天来了，春天还会远吗？失败挺过去了，成功还会远吗？伤痛熬过去了，快乐还会远吗？

见证自律的力量：改变了自己，就改变了世界

在沙漠里迷路的两个人只剩下半壶水，一个人想："沙漠这么大，我只剩下半壶水，肯定要命丧沙漠了。"另一个人则想："太好了，竟然还有半壶水。"

前者可能绝望了，甚至轻易就放弃了；而后者充满信心，最终走出了沙漠。

从这个例子中我们看到了什么？我们看到了自律的力量：同样是半壶水，不同的态度导致不同的结果。就改变世界的困难而言，改变自己的态度并不难，我们只要改变自己的态度，就能改变周围的世界。

酒店业大王希尔顿的父母经营着一家五金商铺，1907 年的经济危机影响了货物出售，于是他的父亲将原来的土坯房改造成路旁的一家家庭旅馆，为奔波的商人、矿工和旅客提供舒适的床和热乎乎的饭菜。

年仅 20 岁的希尔顿承担了这家旅馆的全部管理工作，并从此将旅馆业作为自己的终身事业。而他经营的秘诀就是"微笑"。每当在世界各地的希尔顿酒店视察时，他总会问员工："今天你对客户微笑了吗？"

无论你去哪家希尔顿酒店，都能感受到希尔顿式微笑。康拉德·希尔顿总结说："微笑是最简单、最省钱、最可行，也最

容易做到的服务，更重要的是，微笑是成本最低、收益最高的投资。”

希尔顿相信，微笑影响着我们的心态和思维方式，所以，每次遇到挫折和不合理的事时，他会马上到卫生间或某个角落拿出镜子练习微笑。他要求员工不管多么辛苦、多么委屈，任何时候对任何客户都要用心真诚地微笑。

即使是在 20 世纪 30 年代各行各业人士脸上都愁云惨淡的时候，希尔顿酒店的员工仍然用自己的笑容给每位客户带去阳光。大萧条过后，希尔顿酒店率先进入繁荣期。

若干年后，希尔顿成了商界巨子，有人问他，酒店业是一个很艰苦的服务行业，你是如何做到乐观应对的？希尔顿回答说：“微笑！”

2019 年年初，一位女收费员被司机辱骂后委屈哭泣，但下一秒仍然微笑服务的视频在网上热传，无数人被这个收费员的敬业精神感动。

事情是这样的，2019 年 1 月 25 日，在贵州毕节的一个收费站，有一辆车在交费的车道上突然熄火，无法发动，堵塞了整个交费通道。

此时正值春运，通行车辆很多，因怕造成拥堵，收费员纷纷离岗帮助司机一起把车推了出去，推出去的过程自然要耽搁几分钟。

这本来是一件值得称赞的好事，可后面上来的车辆司机可能没有看到发生的一切，便在交费时对收费员恶语相向。

从监控视频中，我们可以清楚地看到，收费员在早上 6 点 11 分 22 秒时仍在抹眼泪，而在 11 分 29 秒时已经微笑着接待下一位司机了。

在这 7 秒的情绪转换中，我们看到了什么？我们首先看到的是烦恼、委屈和伤心，7 秒之后，这些东西都被抹掉了，立刻转换成微笑！

想想吧，她的内心一定还在伤心流泪，可她把这一切压下，把微笑送给客户。这个收费员才 19 岁，不是收费站正式员工，而是贵州铁路技师学院的一名学生。

2018 年 12 月她到收费站实习，当天正好上夜班，工作时间是凌晨 1 点接班，早上 9 点交班。

这段视频在网上传开了，她得到众多网友的称赞："刚工作受委屈被骂哭，但下一秒面对客户时，能抹掉眼泪坚持微笑服务，这样的'变脸'最敬业！"

而一位司机则讲了收费员的微笑对自己的价值：

> 我是新手司机那会儿，有一次早晨五六点上高速，天还没亮，我有点儿紧张、有点儿焦虑、有点儿压抑，总之全身不得劲，然后上高速拿卡前，那位收费站小姐姐给我一个

灿烂的笑容，我感觉世界是那么美好，整个人好像充满了能量，充满了希望！感谢所有收费员的笑容！感谢你们每一句祝你平安！

第二次发育：强者从危机中看到机会，弱者从机会中看到危机

按照社会学的研究，我们每个人都要经历两次发育。一次叫身体发育，比如最早发育的是神经系统，胎儿的大脑发育在妊娠第四周就开始了，6 ~ 7 岁大脑接近成人水平，然后是消化系统、循环系统、泌尿系统等相继发育，最晚发育成熟的是生殖系统。

人的第二次发育叫精神发育，相对于身体发育，精神发育贯穿人的一生，在这个发育过程中，人不断地通过改变自己的精神世界适应社会环境（社会化），这一发育过程体现为三观（世界观、人生观、价值观）的形成与完善。

自律，是人生的第二次发育，自律的本质，是人的精神世界的“成长”与“独立”。按道理讲，每个人过了 18 岁，身体发育成熟，可以算一个独立的人了。但很多人只是身体变成了成人，精神世界仍然停留在“孩童阶段”，这就是“巨婴现象”。

自律体现出来的特质是自强，也就是对自己的行为负起全部责任。而不自律就是“自弱”，也就是“巨婴现象”：极度自私，只

求索取不想奉献，绝对以自我为中心，所有人都要围着他转，丝毫没有感恩之心，好像全世界都欠他的。

你如何看待这个世界，这个世界就如何回报你，这就是自律的原理。所谓自强，就是当你面对困难或失败，当你说“我不会轻言放弃，我可以改变自己对困难和失败的态度，我没有失败，相反我积累了更多成功的经验”时，这个世界回报你的就是成功，你就会成为生活的强者！

相反，当你面对困难或失败，当你说“为什么偏偏落到我头上？为什么我没有别人那样的爹妈？为什么总是有人阻挡我？”时，当你把一切失败的责任归于别人或外部环境时，这个世界回报你的就是“受害者心态”！

所以，自律原理就是人的精神世界发育的进化原理，这一进化过程与身体进化过程一样，有哪个孩子是没有经历过摔倒就学会走路的？任何进步都是“阴阳、好坏、对错转化的自然进化”，任何进化都是以“阵痛”为前提的。

如果你想实现自律，请记住，这不是简单的吃苦耐劳，也不是一味地“自虐”，而是人的精神世界第二次发育的继续，是人的精神走向成熟的过程。

就像自律定律揭示的那样，要想改变现状，就要从思路入手，出路背后是思路，思路背后是角度，角度背后是高度，高度背后是目标。

在我们的生活与事业中，没有人会一帆风顺，碰到问题怎么办？请相信一句话："上帝为你关上一扇门，一定会为你打开一扇窗。"这扇窗就是你的人生目标，你要问自己："我这一生难道就这样平庸地度过？难道就不能在这个世界上留下一点儿痕迹？"

你站的高度不一样，看问题的角度就不一样，思考问题的思路更不一样。你会发现自己并没有改变现状，但你改变了对现状的态度。奇妙的是，你的态度一改变，"窗子"就打开了。

当你感到真走不动了、累了时

——你对自己说："我不会轻言放弃，我没有失败，相反，我比别人积累了更多的经验教训。"上天会打开窗回报你：加油，明天太阳照常升起！

当你感到没有人爱你时

——你对自己说："我不会轻言放弃，我没有失败，相反，我比别人积累了更多的经验教训。"上天会打开窗回报你：露出笑脸吧，没有人不会在笑容里被融化！你给别人多少爱，你就会收获多少爱！

当你感到没有能力或觉得自己不配时

——你对自己说："我不会轻言放弃，我没有失败，相反，我比别人积累了更多的经验教训。"上天会打开窗回报你：这个世界就是为你而生的，站起来，你配！

当你感到无法原谅自己时

——你对自己说：“我不会轻言放弃，我没有失败，相反，我比别人积累了更多的经验教训。”上天会打开窗回报你：你可以不原谅罪恶，但你必须原谅自己，人就是人，是人就会犯错，你行动，你行善，你就原谅了自己！

当你感到害怕时

——你对自己说：“我不会轻言放弃，我没有失败，相反，我比别人积累了更多的经验教训。”上天会打开窗回报你：你到底在怕什么？唯一值得恐惧的，就是恐惧本身！

当你感到担忧受挫时

——你对自己说：“我不会轻言放弃，我没有失败，相反，我比别人积累了更多的经验教训。”上天会打开窗回报你：失败是成功之母，成功有时也会孕育失败，你想成功还是失败？想成功，那就先准备尝试失败吧！

当你感到信心不足时

——你对自己说：“我不会轻言放弃，我没有失败，相反，我比别人积累了更多的经验教训。”上天会打开窗回报你：没有人能够把你比下去，除非你自己把自己比下去。

当你感觉自己不够聪明时

——你对自己说：“我不会轻言放弃，我没有失败，相反，我比别人积累了更多的经验教训。”上天会打开窗回报你：只有敬畏规律才是真正的智慧，只有走捷径的人才需要小聪明！做好人是最佳的投资！

当你感到孤单时

——你对自己说：“我不会轻言放弃，我没有失败，相反，我比别人积累了更多的经验教训。”上天会打开窗回报你：你一定在紧抱双肩，你一定在抱怨生活，打开怀抱吧，没有人会拒绝张开的怀抱！

是的，当你这样做了之后，你就会见证自律的力量究竟有多强大，这种强大的力量来自人性。如果我们每个人都致力于这样改变自己，那么这个世界将变成什么样？

/ 第三章 /

认识你自己：

生命中最伟大的力量，就是生命本身

自律是人的精神世界的第二次发育，这一发育过程伴随着我们的一生。停止自律的人，就等于停止精神的成长，就会成为时代的“巨婴”——身体是成人的，而精神世界是孩子的。

人生旅途中，我们都忙于各种事务，各种社交，要做更多的事，要认识更多的人，仿佛多个朋友多条路，仿佛认识的人越多自己越有价值，仿佛这样就有人脉帮助自己实现梦想了。

其实，最有价值的遇见，是在生命的某个瞬间重新遇见自己，重新发现生命的价值，发现自己来到这个世界的意义，那一刻你才会懂：

走遍世界，不过是为了找到一条重新认识自己的路，而找到认识自己的路，是为了见证一个奇迹：懂得自律的人，到底有多强大?

自律的人改变不了环境，但可以改变自己；

自律的人改变不了事实，但可以改变态度；

自律的人改变不了过去，但可以改变未来；

自律的人不能控制他人，但可以掌控自己；

自律的人不能预知明天，但可以把握今天；

自律的人不能左右天气，但可以改变心情；

自律的人不能选择容貌，但可以展现笑容；

自律的人不能样样顺心，但可以事事尽心；

自律的人不能延伸生命的长度，但可以决定生命的宽度。

重新认识自己，勇敢做自己，永远不会太迟

有一个故事，说的是禅院新来了一个小和尚，他积极主动地去见智闲禅师，诚恳地说：“我初来乍到，先干些什么呢？请前辈吩咐和指教。”

智闲禅师微微一笑，对小和尚说：“你先认识、熟悉一下寺里的众僧吧。”

第二天，小和尚又来见智闲禅师，诚恳地说：“众僧我都认识了，下边该做什么呢？”

智闲禅师微微一笑，说：“肯定还有遗漏，接着去了解、去认识吧。”

三天后，小和尚再次来见智闲禅师，很有把握地说：“所有

僧侣我都认识了，我想找点儿事情做。”

智闲禅师微微一笑，因势利导地说：“还有一个人，你没认识，而且这个人对你特别重要！”

小和尚满腹狐疑地走出禅师的禅房，一个人一个人地寻问、一间屋一间屋地寻找。在阳光里、在月光下，他一遍遍地琢磨、一遍遍地寻思。

不知过了多少天，一头雾水的小和尚在一口水井里忽然看到自己的影子，他豁然开朗，赶忙跑去见老禅师……

伟大的哲学家尼采在《道德的谱系》一书中这样写道：“我们无可避免地跟自己保持陌生，我们不明白自己，我们搞不清楚自己，我们的永恒判词是：离每个人最远的，就是他自己！”

“认识你自己”是铭刻在古希腊阿波罗神殿石柱上的著名箴言之一，伟大的哲学家苏格拉底经常使用这句话，让人们将其作为人生最重要的生活准则。有人问苏格拉底：“世上何事最容易？”答曰：“给别人提建议。”

又问：“世上何事最难？”答曰：“认识你自己。”

苏格拉底说：“未经反思自省的人生没有意义。”这位伟大的哲学家显然是在讽刺世人，世上有自知之明者寥寥无几，好为人师者则比比皆是。

著名诗人辛弃疾的一首词对此做了最好的解释：“众里寻他千百度，蓦然回首，那人却在，灯火阑珊处。”所谓苦海无涯，回头是岸，这个岸就是自己。

这说明，阻碍我们成功的真正敌人不是别人，而是自己，因为你最不了解的人是自己，而你最可以依靠的人也是自己。

要知道，每个人都是独一无二的个体，认识不到自己独特的禀赋和价值，你如何实现自我，成就自我？

自我认识的构建必须有两个输入：一个是对外部世界的深入观察和质疑，另一个是对自我内心最真实的追求与探索。否则，人们就活在别人的话语中了。

马克·鲍尔莱恩是美国埃默里大学的教授，他写了一本书《最愚蠢的一代》。在这本书中，他写了一句话：“一个人成熟的标志，就是明白每天发生在自己身上 99% 的事情，对于别人而言毫无意义。”

不要整天把你的时间都花在别人身上，不要总是围着别人转。真正的成熟就是懂得自己需要什么，而不是在意别人的评价。

哲学家笛卡儿说：“自我反思是一切思想的源头，人是在思考自己而不是在思考他人的过程中产生了智慧。”他的名言是“我思故我在”。

人生就像玩俄罗斯方块，你身边那些人的意见有一种魔性，你一旦底子不行，就没有强大的免疫力，你一旦“合群”，就会被“吞噬”。当“不合群”时，你就会独立地存在着。

生命最强大的力量，源于一句话：“认识你自己！”可惜很多人并不了解这一点，他们总是想借助各种力量装饰自己，结果总是在人生的重要阶段迷失自我，让生命如羽毛般随风飘逝。

“认识你自己”，就是要认识最内在的自我，那个使你成为你的核心和根源。认识到这一点，你才知道怎样的生活符合你的本性，你究竟应该过什么样的生活。

叔本华说：“只有当一个人独处的时候，他才可以完全成为自己。谁要是不热爱独处，谁就是不热爱自由，因为只有一个人独处的时候，他才是自由的。”

任何领域，只要你深潜进去，就会与他人形成隔阂或差距，你就会成为“专业高手”。问题是，市场愿意为谁付高昂的薪酬？显然是那个“高处不胜寒的专业高手”。

在金庸的武侠小说中，一个普普通通的人是如何成为武林高手的？无论是《射雕英雄传》里的郭靖，还是《倚天屠龙记》里的张无忌，他们的成长模式都是“掉入悬崖，发现一个隐秘的山洞，见到一位绝世高人，获得一本绝世秘籍，练成一身绝世武功”。

所谓成熟，就是学会与自己独处，找到那个真正的自我，从而真正赢得这个世界，当我们懂得生命最伟大的力量就是生命本身时，我们就会明白：

——那个深谷绝尘之境里的山洞，就是你的内心深处。

——那本绝世秘籍，就是你真正的心。

——那个绝世高人，就是你自己。

是的，生命中最伟大的力量，就是生命本身！在这个世界上，生命是至高无上的，任何一个生命来到世上，都有其使命与价值，不拼一把，来这个世界干什么？

销售之神睡长凳：不拼一把，怎知自己有多优秀？

曾经有一个人，他用几年的积蓄来创业，可由于市场不景气，只好宣布破产。公司垮了之后，他很沮丧，于是他离家出走，到处流浪。后来，他甚至想跳湖自杀。

就在准备自杀的那个晚上，他梦见了上帝。梦中，他恳求上帝赐予他勇气和希望，可当他说完自己的故事之后，上帝却对他说："我已经以极大的耐心听完你的故事，我希望我能对你有所帮助，可听完你的故事，我只能告诉你，我帮不了你！"

他的脸立刻变得很苍白。他低下头，喃喃自语："这下子我完了，连上帝都帮不了我，那我只有死了！"

此时上帝突然说："虽然我没有办法帮你，但我可以介绍你去见一个人，他可以帮助你东山再起。"

听完这句话，他立刻跳了起来，抓住上帝的手说："求求你，请你带我去见那个人吧。”

于是上帝把他带到一面高大的镜子前，用手指着镜子说：“我介绍的人就是他。在这个世界上，只有这个人能够让你东山再起。除非你坐下来，彻底认识这个人，认识到这个人对你的价值与意义，否则，你就跳到湖里去吧。因为如果你不能真正尊重他，认识到他对你的价值，就真的是没救了。”

镜子中的人，就是他自己！

有句话说得好，上帝只帮助那些能够自救的人！问题是，如果我们连自己是谁都不知道，连自己身上最有价值的东西是什么都不知道，那么该如何自救？

被称为日本保险业“销售之神”的原一平，天生矮小，身高只有 1.45 米，他曾经因自己身材矮小而苦恼，想一想，如果你的身高这么矮，所从事的保险业务又是一条孤独而寂寞的路，遭到的白眼和冷遇都远超其他行业，你会怎么办？

的确，原一平在刚刚走上保险岗位的头 7 个月，连一分钱的业务都没有拉到，自然也就没有薪水，他只好上班不坐电车，中午不吃饭，晚上睡在公司的长凳上。

有一次，原一平的上司高木金次对他说：“身材魁梧的人看起来相貌堂堂，在访问时较易获得别人的好感，身体矮小的人在这方面要吃大亏。你我均属身材矮小的人，我们要以表情取胜。”

这句话让原一平看到了希望，他一下就明白了那句话：“上帝为你关上一扇门，一定会为你打开一扇窗。”对呀，在身高上他是输了，但在吸引客户的注意上，矮个子却有优势。

这扇窗子就是：一个处于弱势的人，如果努力在某方面做出成绩，人们就会加倍称赞你，因为大部分人都有帮助弱者的心理。

于是，他开始训练自己，以独特的矮小身材，配上苦练的各种幽默表情和幽默语言，在向客户介绍情况时，他经常能逗得大家哈哈大笑，人们都觉得他可爱可亲。

有一天，原一平去拜访一位准客户，他敲开客户的家门。

“您好！我是明治保险公司的原一平。”

对方端详着名片，过了一会儿才慢条斯理地抬头说：“几天前某保险公司的业务员曾来过，他还没讲完，我就打发他走了。我是不会投保的，你多说也是无用的，为了不浪费你的时间，我看你还是找其他人吧。”

“谢谢您的关心，您听完我的介绍之后，如果不满意的话，我当场切腹。无论如何，请您拨点儿时间给我吧！”原一平一脸正气地说。

对方听了忍不住哈哈大笑，说：“你真的要切腹吗？”

“不错，就这样一刀刺下去。”原一平边回答，边用手比画着。

客户说：“你等着瞧，我非要你切腹不可。”

“来啊，我也害怕切腹，看来我非要用心介绍不可啦。”

就这样，原一平与每个客户交谈后，双方的隔阂就会消失，他以出色的幽默推销术连年取得日本最佳的推销业绩，被尊称为“推销之神”。

原一平的故事说明了什么？身材矮小在很多人看来是个大弱点，可为什么上帝会让你身材矮小？身材矮小的表象下有没有藏着什么宝藏？

是的，上帝在我们每个人身上都藏了一笔宝藏，只是藏的地方不一样，需要我们用毕生的勤奋与智慧去挖掘！原一平找到了他的宝藏，那就是他的微笑与幽默。你的宝藏是什么？

猛兽总是独行，牛羊才成群结队：伟大成就的背后，是偏执的自律

原一平的故事印证了自律定律——目标决定高度，高度决定角度，角度决定思路，思路决定出路。

正如我们前面说的那样，一个人站在高处一览众山小，这是站在高处的每个人都可以做到的。但如果有人站在山脚下，却能像站在高处的人那样看见远方的风景，这就叫自律。

原一平以 1.45 米的身高站在山脚下，又瘦又小，其貌不扬，在涉足保险业的前 7 个月，连一分钱的保险都没有推销出去，最

穷的时候，连吃午饭、坐公交车的钱都没有……

可他坚持每周都去日本著名的寺庙听吉田胜逞、伊藤道海法师讲禅，听他们讲人生的价值。他定期举行“原一平批评会”，坚持了 6 年，以听取大家的意见，提升自己的高度。

有了这样的高度与角度，他找到自己独特的核心竞争力，那就是“微笑”，他把微笑分为 38 种，每天对着镜子苦练。他的每位客户都有一个详细清晰的调查表，他把这些调查表分类建档，有一份调查表记录着他曾经在对付一个极其顽固的客人时用了 30 种微笑。

为了赢得一个大客户，他曾经在 3 年多的时间里登门拜访 70 次都扑空的情况下，锲而不舍最终获得成功。他的微笑被人们誉为“价值百万美元的笑”，他从零到创下了全日本第一的推销纪录，只花了 3 年的时间，并连续 15 年占据着全日本推销冠军的宝座。

这“出路”是何等辉煌！原一平的故事也是对自律原理最好的说明——我们不能改变环境，但我们能够改变对环境的态度。

是的，你怎样对世界，世界就怎样对你，你改变了对待世界的态度，世界就回报你成功的奇迹。

从身体的角度看，原一平发育得似乎不如其他人，天生矮小，身高只有 1.45 米。但是每个人都有两次成长，一次是身体的成长，另一次是精神的成长，精神的成长体现的是内心的强大。原一平的精神成长，超越了绝大多数身高比他高的人。

原一平功成名就之后，每天继续工作。太太埋怨他说："我们现在的财富足够享用一辈子，何必每天这样辛劳地工作呢？"原一平的回答是："这不是生计问题，而是心中有一股劲，它让我停不下来。"

这就是原一平对待世界的态度，他如何对待世界，世界就如何对待他。后来，原一平因努力提高保险推销员地位的卓越贡献，荣获"四等旭日小绶勋章"。

但是有人想过吗？在这一奋斗过程中，奋斗者要承受多大的心理压力？要知道，这是一个"成者为王败者寇"的世界，成功了，无数的人会赞颂你，可成功之前呢？

伟大的音乐家贝多芬一生创作了100多部作品，其中有交响乐9部，钢琴奏鸣曲32首，室内乐80多首，歌剧1部，等等。贝多芬集古典音乐之大成，同时开辟了浪漫主义音乐的道路，对世界音乐的发展有着举足轻重的作用，被尊称为"乐圣"。

但你知道吗？这些伟大成就的背后，是他很早就双耳失聪、心爱的人嫁给他人的悲惨现实。他创作伟大的《英雄交响曲》与《第五交响曲》时，正是他人生最痛苦的时候，经济困窘，亲朋好友或死亡或离散。1827年3月26日，贝多芬在风雪交加的日子咽下了最后一口气。

弥留之际，他在床上居然还受着臭虫的骚扰，他的生活正如他在 1810 年 5 月 2 日《致韦格勒》一信中写的那样：“噢，人生多美，但我永远受着毒害……”

罗曼·罗兰在《贝多芬传》中这样概括贝多芬：

> 贝多芬的一生都像是一个雷雨天。最初，是一个明媚清亮的早晨，仅仅有几丝无力的轻风，但在静止的空气里，已经出现了一种隐隐的威胁，一种沉重的预感。突然间，大片的乌云席卷而来，雷声悲吼，静寂中夹杂着可怕的声响，一阵阵狂风怒号……
>
> 一个贫穷潦倒、孤独、残疾、痛苦不堪的人，一个世界不给予他欢乐的人，他却创造了欢乐，并把这份欢乐带给世界！他以自己的苦难来铸就欢乐。他以一句豪言壮语浓缩了他的一生，并成为一切勇敢的心灵的箴言：“用痛苦换取欢乐。”
>
> （罗曼·罗兰，《贝多芬传》，陕西师范大学出版社，2010 年版。）

英特尔的创始人格鲁夫说过，“只有偏执狂才能生存”。他认为，成功的人都有偏执倾向，他们对自己的愿望和目标有着一种近乎偏执的狂热。为了它，他们可以放弃一切无关的东西，不达目的誓不罢休。

是的，任何伟大成就的背后，都是孤独前行的自律，都必须有对目标的偏执追求，为什么？我们看一下自律定律就知道了，自律定律的背后，是这样一条逻辑主线：

目标→高度→角度→思路→出路

在这样一条逻辑主线中，我们看到了什么？看到了从高度到角度，从角度到思路，从思路到出路，这整个过程都源于目标，收于目标。

在整个自律的过程中，目标就像太阳，是目标让高度创造了角度，是目标让角度创造出思路，是目标让思路创造了出路。

原一平为什么要把微笑分为38种，并对着镜子苦练？是因为他有目标。贝多芬为什么要忍受经济困窘与生活重压，是因为他有目标。如果要我们用一句话描述自律生活，那就是：

锁定目标，偏执万岁。

什么是有灵魂的自律：既然眼里尽是目标，心里就只容得下行动的脚步

自律定律是从目标开始的，为什么有了目标才有高度？目标

为什么这么重要？

鲁迅写过一篇文章，原文是这样的：“在我的后园，可以看见墙外有两株树，一株是枣树，还有一株也是枣树。”

这样一个句子，出现在《秋夜》中，这是 1927 年北京北新书局出版的散文诗集《野草》的开篇，独占一段。

这篇课文被编入中学课本，印象中，我当年在读这篇文章时，脑子中出现的是这样一幅场景：

> 一个人站在院子里，看着熟悉的一切，熟悉到一切仿佛都固定了，生活就如同这般场景一直重复着，一棵树是枣树，另一棵树还是枣树。

多年过去了，当我经历了很多事，见过太多风景与高楼大厦，特别是在这样一个信息泛滥的世界，再看这篇文章，我发现当年自己并没有读懂。

当我们决定放弃随意的生活，不再想睡就睡想起就起，不再迷失自我，让生命如羽毛般随风飘逝的时候，我们的眼里是什么？

有一群年轻人到处寻找快乐，可是到处碰壁，遭遇的反而是忧愁、烦恼和痛苦。他们向苏格拉底寻问关于快乐的答案。听完这些年轻人的困惑之后，苏格拉底微笑着给了这些年轻人一个建议："你们先把关于快乐的问题放一放，来帮我造一条船吧。"

于是这些年轻人把寻找快乐的事情放在一边，和苏格拉底一起造起独木舟。他们同心协力锯倒一棵大树，把树劈成两半，挖空了树心，很快就造出一条独木舟。

独木舟下水了，大家把苏格拉底请到船上，荡起双桨，齐声歌唱。苏格拉底问："年轻人，你们现在觉得快乐吗？"

年轻人齐声回答："我们现在觉得快乐极了！"

苏格拉底说："快乐就是这样。它往往在你为着一个目标努力工作时，突然就到来了。"

请问，这些年轻人在建造独木舟的时候，他们的眼里是什么？借用鲁迅的话，他们的世界里只有两样东西，一样是船，另一样还是船。

为什么年轻人在寻欢作乐时得到的更多的是烦恼？而建造独木舟却带来了真正的持续的快乐？就是因为寻欢作乐时，眼里是花花世界，眼前的诱惑多了，快乐就少了。相反，聚焦于目标，眼里只有目标，过程也许痛苦，但目标实现之日，真正的快乐就来到了。

很多书会告诉你，成功者的秘密就是把生命聚焦于目标，为目标而奋斗。可这些书没有告诉你的是，成为成功者要付出一个代价：

在这一过程中，你的眼里不能有其他东西，只能有两棵树，一棵树的名字叫“目标”，另一棵树的名字还是叫“目标”。

在真正的木匠高手眼里，他们不再关注世间的各种功名利禄，他们抵制住各种诱惑，眼里只有两颗钉子，一颗是钉子，另一颗还是钉子，这个道理其实适用于所有高手：

真正一流的老师，眼里只有两种学生：一种是学生，另一种还是学生！所以，他能够因材施教，把任何学生都培养成人才。

真正一流的画家，眼里只有两片风景，一片是风景，另一片也是风景。所以，他能够把看到的任何景象，创造成令人难忘的艺术作品。

真正的小说家，眼里只有两个故事，一个是故事，另一个也是故事。所以，他能够从普普通通的人和事中挖掘出人性的光芒。

真正的高手，眼里只有两棵树：一棵树的名字叫目标，另一棵树的名字还是叫目标。所以，他看待所有的人和事就不一样了，凡是有利于实现目标的人一律是好朋友，凡是有利于实现目标的事一律是好事。

相反，凡是不利于实现目标的人，一律敬而远之，凡是不利于实现目标的事，一律不参与或尽量回避。

能做到这一点，你的眼里就全是目标，而当你的眼里全是目标的时候，你就进入“强者高手”的行列了！

也有人不同意这样的看法。“木匠眼里全是钉子？”这说明他看世界不客观呀，因为这个世界不是一个“钉子的世界”！

这种表面看似正确的观点，忽略了一个真正的要点，那就是人的行为是由什么决定的？人的行为并不是由外在世界的客观性决定的，而是你怎么想你就怎么行动。

如果鹰的重生是由生理特征决定的，那么人的生命之重生却是由“思维”决定的。

当我们羡慕那些专业高手能够做到一般人做不到的奇迹时，我们有没有想过，那是因为他们看待世界的眼光与我们不一样。

如果你要做一个真正的木匠高手，那么你的思维将决定你的行为：什么样的木料适合做什么样的家具。甚至不管什么木料，哪怕在一般人眼里不能够做家具的木料，在木匠高手眼里，都能够做家具。

同样，如果你要做一个生活中的强者，你的眼里就只能有两棵树：一棵树的名字叫目标，另一棵树的名字还是叫目标。

有了“梦想与目标”的自律才是生命重生的开始，同样是苦难，有目标而经受的苦难，与没有目标而经受的苦难是完全不一样的。

一个为了梦想与目标、为了生命强大而自律的人，他经历的任何苦难都有积极的意义，因为这时的苦难不再是对生命的打击与摧残，而是如鹰般的生命的重生，生命因重生而“痛并快乐着”。

/ 第四章 /

自律训练三步法：

自尊、自强与自成的生命内涵

有个去日本留学的中国学生，在乘坐公共电车时，看到身边一位老者颤颤巍巍，立刻起身让座，这位日本老人非但不感谢，反而面带怒容，拒绝就座。

这个中国学生很不理解，就去问老师，老师告诉他，中国人同情弱者，尊老爱幼被中国人视为义务和美德。但是在日本，人们崇拜强者，瞧不起弱者，给老者让座等于把对方置于弱者的地位。

在日本这样一个“老龄社会”，很多老人以还能工作或自食其力为荣，以被人照顾为耻。

看到这里，大家可能记起国内有一段视频，在一辆公交车上，一位老人要求一个小朋友让座，但是小朋友当时并没有起身，这位老人竟然多次坐在小朋友身上，周围乘客都议论纷纷，指责老人“不讲理”。

而在南京地铁1号线，一个老头拉拉扯扯逼一个女孩让座，女孩告诉他自己腿上有伤。老头儿愤怒地扇了女孩一耳光。女孩大声质问:“你要干什么，我报警！”老头儿理直气壮:“让我坐，你报警!”

有句话说得好，“没有对比，就没有伤害”，日本某些老人以被人让座为耻，而中国某些老人逼人让座，虽然这些都是“个案”，但这些个案的对比足以令我们深思恃“老”欺人背后的问题。

显然，某些老人逼人让座的行为看起来很“强悍”，却是实实在在的“弱者行为”；而某些老人视让座为“耻辱”的行为，才是真正的“强者行为”。

依赖是自立最大的敌人，独立是自律最好的朋友

通过以上的对比，我们可以思考一个问题，那就是每个人的行为其实都有着社会的大环境。比如老人让座这件事，为什么在日本很少有年轻人给老人让座？为什么日本老年人会认为被人让座是看不起自己?

相反，在中国公交车上，不要说老人了，四五十岁的人都爱往年轻人，甚至中小学生身边站，就等着你让座。每隔几天，就能看到老人因为不让座打骂学生、打骂年轻人的新闻，整个社会都在质疑，中国的老人们到底怎么了?

其实，从自律的角度很容易理解这种差别。日本是一个高度

自律的社会，在大街上，你很难找到垃圾桶，但日本的街道非常干净，因为出门的时候日本人会带上一个塑料袋，有垃圾会装进去。在日本，一般很少会有妈妈抱着小婴儿直接上车的情况，通常妈妈们都会很自觉地推着婴儿车。

日本的国民教育从小学开始，特别注重培养学生的独立性，培养他们的全面素质，有些学校甚至直接禁止学生在公交车和地铁上坐座位。在这样的自律环境里，老人就更是榜样了，他们在上下班高峰期会想方设法不出门，不与年轻人争座位，即使上了车，能够自己做的事，绝对不让别人做。

为什么有不少中国人缺乏独立性与创造性？这与中国父母教育孩子的方式有关。有句话说得好，不知道自己从哪儿来，就不知道自己要到哪儿去。懂得了我们每个人所处的环境，就会懂得自律是一个民族的使命，而不仅仅是个人的自觉性。

一般来说，中国小孩大部分要到三四岁之后才会与父母分床睡，这时，家长才会让孩子自己吃饭。但在日本或美国家庭，很多孩子在婴儿时期便独居一室，出生七八个月就开始尝试独自进食，父母会给孩子玩具，鼓励他们独立玩玩具，或与周围同伴一起游戏、玩耍。

同时，日本或美国的父母会鼓励孩子与陌生人交往，鼓励孩子提问。同时告诉孩子，哪些行为是有害的，碰到这些有害行为，比如“性骚扰”，要向父母求助。相反，中国父母尽量避免与孩子谈“性”方面的问题，避免孩子接触危险的环境，以为可以通过这样的“躲避”和“保护”让孩子免受伤害。

世界上最会经商的是犹太人，为什么？在犹太家庭的财富教育时间表上，我们能够看到犹太人是如何开发孩子的财富意识的。

3 岁：父母开始教孩子辨认硬币和纸币。

4 岁：孩子要学会简单的计算。

5 岁：让孩子知道钱币可以购买的东西，钱是怎样来的。

7 岁：看懂价格标签，培养“钱能换物”的观念。

8 岁：教他们打工挣钱，把钱储存在银行里。

9 岁：孩子要能制订一周的支出计划，购物时知道要比较价格。

10 岁：懂得每星期省下一点儿钱，以备大笔开支之需。

12 岁：看穿广告包装的假象，设定并执行两星期以上的开销计划，懂得正确使用银行业务术语。

中国不少父母很害怕孩子犯“错误”，对孩子的错误总是抱怨、说教，甚至羞辱，他们不知道错误其实也是“学习机会”。有些父母喜欢控制孩子，常常培养孩子对自己的依赖心理。他们有意无意地根据自己的欲求，使用控制和胁迫的方法让孩子按照自己的意愿行事，以确保自己成为孩子生活的主导者。

这样导致的结果是：

孩子需要有外部动因才能完成任务。

孩子的幸福感来自外在的肯定。因为他们没有自己独特的生活方式，对自己的情感、行为没有很强的责任心。

孩子没有良好的生活准则和行为规范。

孩子无法成为良好的决策者。因为孩子的想法经常被父母左右，而父母通常不愿征求孩子的意见，自以为只有自己才能为孩子做出最好的选择。

一些所谓“做人准则”，也强化了这类依赖型人格的行为，比如，“枪打出头鸟”，鼓励见风使舵，缩在别人身后看风向，机会来了就捞一把，风险来了就躲在后面装傻。“人在矮檐下，不得不低头”，鼓励不讲原则地屈服于权力和权势，玩心眼学权谋，面对邪恶不抗争，面对不幸不呐喊，面对不公平不吱声。“胜者为王败者寇”，一切以胜利为标准，对胜利者不讲条件一味吹捧，哪怕是错的，只要是成功者说出来的就是对的；反过来，对失败的奋斗者不鼓励，落井下石。“一个巴掌拍不响”，就是不问是非曲直，各打五十大板。

知道了从小成长的教育环境，我们就应该懂得每个人身上或多或少都有“依赖型人格”，我们就要学会“独立”。

怎么独立？独立是内心的强大，是内心有自己的原则，不活在他人的评价中，独立的力量来自真正的“自我”，而我们每个人活着，就是要把这个真我释放出来，这就是自律训练的使命。

自律训练公式：改变命运只需要这三步——自尊，自强，自成

一个平庸的年轻人，对自己的人生没有信心，平时经常去找一些“赛半仙”算命，结果越算越没信心。他听说山上的寺庙里有位禅师很了不得，这天他带着对命运的疑问去拜访禅师，他问禅师：“大师，请您告诉我，这个世界上真的有命运吗？”

“有的。”禅师回答。

“噢，这样是不是就说明我命中注定要穷困一生呢？”他问。禅师让这个年轻人伸出他的左手，指着手掌对年轻人说：“你看清楚了吗？这条横线叫爱情线，这条斜线叫事业线，另外一条竖线就是生命线。”

然后禅师让他把手慢慢地握起来，握得紧紧的。禅师问：“你说这几根线在哪里？”

那人迷惑地说：“在我的手里啊！”

“命运呢？”

那人终于恍然大悟，原来命运掌握在自己的手里。

请记住，如果一个人认为自己没有价值，他很可能就真的没有价值！在生活与工作中，有多少故事一遍又一遍地证明了这一点！

一个人如果认为自己没有价值，那么他不仅是在亵渎自己的生命价值，也是在亵渎父母的生命价值，更是在亵渎上天让他来到人间的价值！

事实上，无论你多么看重自己的价值，在生命的意义上，我们都低估了自己的价值。一个人的价值是什么？就是那些被我们忽略，却又在真实地支撑我们生存的每一部分。

很多残障人士，他们没有手就用脚来吃饭甚至写字，看看他们我们就会懂得上天给人类的生命有多强大。

现在的问题是，如何把这样强大的力量释放出来？答案是，自律训练，生命中最伟大的力量就是生命本身。但是生命的力量必须聚焦到某一点，才能像放大镜聚集阳光一样，把纸点燃。

下面的训练公式揭示了一个秘密，那就是如何才能将每个人潜藏的生命力聚焦到目标上。把目标点燃的三个步骤，也就是自律训练的三个步骤是：

自律训练 = 接纳自我接纳现状 + 认识自我认识世界 + 锁定目标专注重复

第一步：接纳自我接纳现状——尊者自尊，不放下尊严，又怎么能赢得新的尊严？

心理学告诉我们：一个人非常自卑时，夸奖和鼓励反而会让他更自卑；一个人非常寂寞时，即使身处热闹的人群之中，他也会感到孤独。

为什么？因为一个自卑的人是看不起自己的，连他自己都看不起自己，夸奖和鼓励反而会刺激他。同样，一个孤独的人是自我隔离的，他不愿意置身他人之间，如果让他身处热闹之地就会刺激他。

心理学为此提供的建议是，一个人感到自卑或孤独时，重要的不是外界的夸奖和鼓励，也不是到人多的地方掩饰孤寂，而是学会接纳自我——当你真正接纳了自己，就不会再欺骗自己的内心。

第二步，认识自我认识世界——强者自强，强者的性格决定他的成败，弱者的成败决定他的性格。

当一个人真正接纳自我之后，他会重新认识自己的价值，重新认识周围环境的价值。我是谁？我应当是谁？我想成为谁？在这里，我们需要重温一下著名心理学家萨提亚的《自尊宣言》，从中你能看到如何接纳自我，从而走向认识自我，进而认识新世界。

自尊宣言：

我就是我，在这个世界上再也没有第二个我。我和某些人可能会有些许的相似之处，却没有一个人能和我完全相同。

我的一切都真真实实地属于我，因为都是我自己的选择。我拥有自己的一切：我的身体以及我的一切行为；我的头脑以及我的一切想法和观点；我的眼睛以及它们所看到的一切；我的所有感觉，愤怒、喜悦、沮丧、友爱、失望和激动；我的声音，或粗犷或轻柔；还有我的所有行动，不论是对自己还是对他人。我拥有我自己的想象，自己的梦想，自己的希望，自己的恐怖。我的胜利和成功乃因为我；我的失败与错误也出于我。因为我拥有自己的全部，我和自己亲如手足。我学习跟自己相处，爱惜自己，善待属于自己的一切。

现在我可以为自己做一切了。我知道，我的一些方面让我困惑，另外一些则使自己不解。但只要我仍然善待自己爱惜自己，我就有希望解决困惑和进一步认识自我。不管别人如何看我，不管那时我说了什么做了什么，想什么感觉到了什么，一切都真真实实地属于那时的自我。

当我回想起自己的表现、言行、感受和思想，发现其中一部分已经不再适合我，我会鼓起勇气去抛弃我不适宜的部分，保存经证实适宜的部分，创造新的以代替被抛弃的部分。我要能够看、听、感觉、说、做。我能够生存，能融入群体，能有所贡献，有所作为，让我所处的世界，我周围的人和事，因我的存在而井井有条。我拥有我自己，那么我就能自我管理。

我就是我，自得其乐！

（摘自萨提亚《新家庭如何塑造人》，世界图书出版公司，2006 年版。）

第三步：锁定目标专注重复——成者自成，每个人的生命都自带使命。

三个石匠参与了一座教堂的修建。一天，有人走过去问他们在干什么。

第一个石匠说：“我在混口饭吃。”

第二个石匠一边敲打石块一边说：“我在做世界上最好的石匠活。”

第三个石匠带着想象的光辉仰望天空说：“我在建造一座大教堂，所有人都会从中获得精神的力量。”

10 年之后，第一个石匠手艺毫无长进，被老板炒了鱿鱼；第二个石匠勉强保住了自己的饭碗，但只是普普通通的泥瓦匠；第三个石匠却成了著名的建筑师。

为什么做同样的工作，三个人的结局却不相同？这就是自律原理揭示的道理，你如何对待世界，世界就如何对待你。同样是做石匠，第三个人把所做的工作与目标联系在一起，他边做边想着多少人将会因为他的工作而获得精神的力量，他在思考如何建造教堂才能给千万人以力量。

站的高度不同，看待工作的角度就会不同；角度不同，解决问题的思路就会不同；思路不同，最后的结局就会不同——有人仍然在做泥瓦匠，有人却成为著名的建筑师。

我们看看“销售之神”原一平是如何训练自己成为强者的。他先天条件并不好，身高不到 1.5 米，可他却成为日本保险业的“销售之神”，他是如何做到的？

第一步：接纳自我接纳现状——尊者自尊，不放下尊严，又怎么赢得新的尊严？

在初入保险推销界时他的处境惨不忍睹，而且他自身毫无气质与优势可言。

第二步：认识自我认识世界——强者自强，强者的性格决定他的成败，弱者的成败决定他的性格。

在那段艰难的日子里他没有自怨自艾，生活虽然向他露出狰狞的面孔，但他始终坚信，生命的天空总会有晴朗的一天。

他决定用微笑对付它，让微笑成为他独特的销售武器，为了让自己的微笑看起来是自然的、发自内心的、真诚的，他决定为此训练自己。

第三步：锁定目标专注重复——成者自成，每个人的生命都自带使命。

他假设各种场合与心理状态，面对着镜子练习各种微笑时的面部表情。因为笑必须从全身出发才能产生强大的感染力，所以他找了一个能照出全身的大镜子，每天利用空闲时间，不分昼夜地练习。

经过一段时间的练习，他发现嘴唇的闭与合，眉毛的上扬与下垂，皱纹的伸与缩，这些动作的“笑”表达的含意都不相同，甚至双手的起落与两腿的进退，都会影响“笑”的效果。

有一段时间，他因为在路上练习大笑被路人误认为精神有问题，也因练习得太入迷，半夜常在梦中笑醒。经过长期苦练，他可以用微笑表现出不同的情感反应，也可以用自己的微笑让对方露出笑容。

后来，他把“笑”分为 38 种，针对不同的客户展现不同的笑容；他深深体会出，世界上最美的笑就是从内心最深处表现出来的真诚笑容，如婴儿般天真无邪，散发出诱人的魅力，令人如沐春风，无法抗拒。

尊者自尊：什么是真正的面子？不放下尊严，又怎能赢得尊严？

在自律训练的三个步骤中，第一步接纳自我接纳现状的主题词是“尊严”。接纳自我接纳现状的过程，就是把一个人从“假尊严”的“虚荣心”中拯救出来，重新塑造新的个人尊严的过程。

野田圣子出身名门，37岁就当上了日本内阁邮政大臣。可是她的第一份工作居然是在帝国酒店当服务员，而做服务员受训的内容，就是打扫厕所，她每天都要把马桶擦得光洁如新才算合格。

可想而知，那段日子圣子的感觉是多么糟糕。每天一碰到马桶她就想吐，她的内心十分讨厌这份工作。

有一天，一位与圣子一起工作的前辈在擦完马桶后，居然舀了满满一大杯冲厕水，然后当着她的面一饮而尽。之后，她告诉圣子，经她清洁过的马桶，干净得连里面的水都可以饮用。

这一出人意料的举动令圣子大吃一惊，她突然发现，眼前这位前辈人格竟是如此伟大，打扫厕所的背后，原来是每个人对这个世界的态度！

于是，她向前辈鞠了一躬：“就算这辈子都打扫厕所，我也要当个最出色的洗厕工。”训练结束的那一天，圣子在擦完马桶后，毅然舀了满满一大杯冲厕水喝了下去。

这次经历让野田圣子知道了什么才是真正的尊严，工作并没有高低贵贱之分，那个在她面前把冲厕水喝下去的前辈，反而赢得了她发自内心的尊重。后来，她毅然决然选择从政，因为她已经学会在面对各种意见时如何做到荣辱不惊。

美国著名企业家洛克菲勒出身贫寒，在家中 6 个孩子中排行第二。他上中学时，学校来了一位知名摄影师，要为学生们拍摄一些反映学校生活的照片。洛克菲勒怀着兴奋的心情站在同学中间，谁知摄影师却用手指着他，当着全班同学对老师说："你能让那个学生离开吗？他的穿戴实在太寒酸了！"

可想而知，当洛克菲勒独自从同学中走出来时，他觉得所有的同学都在嘲笑他，他内心十分难受。但是，他没有自暴自弃，也没有怨天尤人，更没有抱怨父母给自己穿得太寒酸，而是暗暗发誓，一定要努力让自己变得富有、成功，让世界上最有名的画家为自己画肖像。

后来的事实证明，洛克菲勒做到了。他创立的洛克菲勒大学，在医学、化学领域出了 24 位诺贝尔奖获得者，北京协和医学院就是他创立的洛克菲勒基金会捐资创办的，他的家族直到今天仍然是美国最有名望的家族之一。

换个角度想，如果当时洛克菲勒因为一时的奚落和受到的侮辱，变得自暴自弃，怨天尤人，就不会有后来的洛克菲勒了。

在离开人世之前，洛克菲勒给儿子写了封信，谈及如何面对侮辱与打击，其中有一段大意是，他知道任何轻微的侮辱都可能伤及尊严。但是，尊严不是天赐的，也不是别人给予的，是自己缔造的。每个人的尊严都只属于他自己，你认为自己有尊严，你就有尊严。

如果有人伤害你的感情、你的尊严，你要不为所动。你不死守你的尊严，就没有人能伤害你。

无论是野田圣子还是洛克菲勒，他们对于“尊严”（也就是我们所谓的面子）都有一个结论，那就是当受到“侮辱”或“打击”时，比如洛克菲勒被摄影师侮辱，野田圣子被安排打扫厕所，他们的选择是：

> 第一，每个人的尊严是自己的，没有人能够让你失去尊严——尊严不是天赐的，也不是别人给予的，是你自己缔造的。每个人的尊严都只属于他自己，你认为自己有尊严，你就有尊严。
>
> 第二，放下表面的“尊严”，通过自律创造新的尊严——如果有人伤害你的感情、你的尊严，你要不为所动。你不死守你表面的“尊严”，就没有人能伤害你。

在以上两点中，第二点最重要，社会心理学研究表明，越没钱的人越忌讳谈钱谈利益，越是陷入“受害者心态”的人，越在乎所谓的面子，这种表面的虚荣会让人产生两种行为。

第一种是把责任往外推：我们给老师送礼，那是因为社会风气太差，别人送了我们不送小孩吃亏。

第二种是认为自己无能为力：我们是“打工”的，得看老板的脸色行事。

社会心理学研究表明，高自尊的人往往比低自尊的人更能做成某事，因为高自尊的人往往会给自己设下更高的结果要求，为了实现目标，他们会严格要求自己。

而低自尊的人，只有在别人强迫的情况下才不得已去实现结果，或者如果没有别人的配合，就无法实现自己的目标。

也就是说，自尊是自强的前提，世界上最伟大的销售员，著名的汽车销售吉尼斯世界纪录创造者乔·吉拉德说过：“我的汽车销售纪录进了《吉尼斯世界纪录大全》，我曾经观察过那些强者，发现他们都懂得自律。你是拈花惹草之人吗？你经常去打高尔夫球吗？你吃饭超过两个半小时吗？我从不跟同事一起吃饭。如果我不把车卖给你，我根本不想跟你去吃饭。我会跟银行家吃饭，他会给我更多的贷款；我会跟我的汽车服务商吃饭，他会给我的客户提供更好的服务。”

强者自强：强者的性格决定他的成败，弱者的成败决定他的性格

J. K. 罗琳失业后，成了一位靠领救济金生活的离异母亲，回想起那段惨淡的生活，她说："失业使我痛苦，但我想这不是世界末日。我开始尝试多年想做却没有去做的写作，结果我成功了。"

她的处女作《哈利·波特与魔法石》出版后，在全世界一版再版，还被搬上银幕。而现在她的身家已经超过英国女王 8 倍，达到 10 亿美元，在 2007 年《福布斯》全球最有权力人物排行榜位列第 49 位。

所谓强者，就是那些能够在逆境中释放生命力量的人，他们为目标与使命而活，而不是活在别人的评价里。这是自律训练第二步的主要内容，真正的强者，是"强者自强"，即通过认识自我认识世界，认识到生命中最伟大的力量就是生命本身。

所谓强者，即使历尽沧桑，也对生活充满信心，对生活有种使命感，他们会一点点向着目标前进。

"联邦快递之父"弗雷德·史密斯非常喜爱飞机，他曾报名参加了海军陆战队后备役军官训练班。从那时起，飞机和运输就成了弗雷德毕生思考的问题。

大学三年级时，他写了一篇学期论文，质疑当时包裹不能直接运送到目的地，而必须经由多家航空公司转运的问题。他提出，

对一个能够直接运输“非常重要、讲求时效”的货物的公司来说，可能存在一个潜力巨大的市场。

但弗雷德的教授并不这样认为，虽然他认为这篇论文有某些可取之处，但因为当时美国政府对空运航线的诸多管制，让这个设想显得想象力过于丰富因而难以实现，评分时教授只给了一个“C”。

但这位教授没有想到的是，弗雷德·史密斯并不在乎这个评语，他相信自己的想法，1971 年他创立了用飞机运输货物的联邦快递公司。

开业之初，联邦快递为 25 个城市提供服务，但不出所料，公司开始亏损。第一天夜里运送的包裹只有 186 件。在前 26 个月里，联邦快递亏损 2 930 万美元，欠债主 4 900 万美元，随时可能倒闭。

但他没有放弃，为了抵偿公司的债务，弗雷德卖掉了自己的私人飞机，从家庭信托基金中提取本属于两个姐姐的钱投入公司。为了改善经营状况，弗雷德竭尽全力争取客户，开拓市场。

他的不屈不挠、他对前途的无限信心和十足的勇气，激励着联邦快递公司的员工，他们心甘情愿与他同舟共济。有一天，公司碰到了 80 万件额外包装件，居然有上千名员工自愿在午夜之前来到货仓，连夜清理堆积如山的货物。

深受感动的弗雷德曾经在报纸上用整整 10 个版面表达对员

工的感谢，并用军人的敬礼结束这份感谢词。他说：“你们的工作非常出色，你们对自己的事业具有高度的责任感。”他还承诺不裁员、最高工资、利润共享、管理人员的股份权等政策表达自己对员工的感谢。

到 1975 年，公司的经营状况开始好转，当年的营业收入达到 7 500 万美元。1978 年，联邦快递上市。1983 年，公司的年营业收入达到 10 亿美元，成为美国历史上第一家创办不足 10 年，不靠收购或合并而超过 10 亿美元营业额的公司。到 1999 年，联邦快递已成为世界上最大的 24 小时快递公司，每天为 210 个城市的 300 万名顾客服务。

我们可以想象一下，开业之初的前 26 个月，亏损 2 930 万美元，欠债主 4 900 万美元，弗雷德·史密斯是如何选择的？他卖掉了自己的私人飞机，拿了两个姐姐的钱投入公司，终于让公司起死回生。

接下来，员工被他感动，上千名员工自愿在午夜之前来到货仓，连夜清理堆积如山的货物，对比弱者的“受害者心态”，弗雷德·史密斯拥有的是“阳光心态”——在灾难与危机中总能看到机遇，而不是像弱者那样，哪怕在机遇面前也总是想到灾难与危机。

正如联邦快递的一位老员工说的那样：“在联邦快递成立后的最初三四年里，它一直徘徊在破产的边缘，加起来至少可以破产五六次，但可贵的是，弗雷德·史密斯不愿放弃。他真是个不屈不挠的领导者，怀着对前途的无限信心和十足的勇气，最终他创造了奇迹。”

联邦快递曾经拍过一个广告：飞机坠毁后，快递员在荒岛上苦苦挣扎，在困境中坚持了 5 年，获救之时快递员的胡须、头发长到似野人，他得救后所做的第一件事，就是把一直陪伴他 5 年的包裹第一时间送到投递对象手中。

联邦快递的创始人以及联邦快递的员工，给我们展示了一种精神状态——强者不是没有困难，但他们会拥抱困难。在丰田公司的车间，随处可见这样一条标语：视问题为机会！这是发明家、丰田创始人丰田·佐吉最喜欢的一句话。

是的，强者的心态是积极向上的力量。在西班牙港口城市巴塞罗那，有一家著名的造船厂，这家造船厂已有 1 000 多年的历史，厂里陈列着近 10 万个船舶模型，每造一艘新船，就会有一个模型被放到陈列室。

在一个名字叫“西班牙公主号”的船舶模型上，雕刻的文字是这样的：本船共计航海 50 年，其中 11 次遭遇冰川，6 次遭海盗抢掠，9 次与其他船舶相撞，21 次发生故障抛锚搁浅。

而在陈列室最里面的一面墙上，有对上千年来造船厂所有出厂船舶的概述：造船厂出厂的近 10 万艘船舶中，有 6 000 艘在大海中沉没，有 9 000 艘因为受损严重不能修复航行，有 6 万艘船舶遭遇过20次以上的大灾难。

现在，这个造船厂的船舶陈列室早已超越原来的意义，它已经成为西班牙最负盛名的旅游景点，成为西班牙人教育后代获取精神力量的象征，这就是一个强大的民族背后的精神：

> 强者的人生，就像那些经历风雨的船，没有一艘船从下海那天开始没有过受损的经历，所谓成功，就是经历创伤而没有沉没倒下！

成者自成：使命感来自灵魂的呼唤

哲学家蒙田说："灵魂如果没有确定的目标，就会丧失自己，因为俗语说得好，无所不在等于无所在。"

自律训练第三步，是"锁定目标专注重复"。人生有两条路，一条需要用心走，叫作梦想与目标；一条需要用脚走，叫作现实。伟大的目标构成伟大的心灵，而伟大的心灵让每一步都拥有了意义。

人生要有目标，而不能只有目的。你看过《小王子》吗？这是法国作家安东尼·德·圣埃克苏佩里1942写成的一部几十页的童话故事，这个故事却成就了文学史上的一个奇迹——除《圣经》以外世界上译本最多的书，光是在中国销售的《小王子》版本就有 100 多个。

为什么这本书能够赢得全世界人的喜爱？这与该书的主题，也与作者圣埃克苏佩里的经历有关。

圣埃克苏佩里是一个飞行员，参加过第二次世界大战。作为飞行员，他清楚地知道目标对飞行意味着什么，也知道飞行员最重要的使命就是到达目的地，他想提醒人们，不要在忙忙碌碌中忘记了生活中最简单最根本的道理。

这本书的主题就是讨论“梦想与目标对人意味着什么”。所以，书一开头，就是一个孩子的梦想（“巨蟒正在消化一头大象”）如何在现实中被人误解，他的内心因此无比孤独。

> 我也用彩色铅笔画出了我的第一幅图画。我的第一号作品。
>
> ……
>
> 我把我的这幅杰作拿给大人看，我问他们我的画是不是叫他们害怕。
>
> 他们回答我说：“一顶帽子有什么可怕的？”
>
> 我画的不是帽子，是一条巨蟒在消化着一头大象。于是我又把巨蟒肚子里的情况画了出来，以便大人们能够看懂。这些大人总是需要解释。
>
> ……

大人们劝我把这些画着开着肚皮的，或闭上肚皮的蟒蛇的图画放在一边，还是把兴趣放在地理、历史、算术、语法上……

当我遇到一个头脑看来稍微清楚的大人时，我就拿出一直保存着的我那第一号作品来测试测试他。我想知道他是否真的有理解能力。可是，得到的回答总是："这是顶帽子。"

我就不和他谈巨蟒呀，原始森林呀，或者星星之类的事。我只得迁就他们的水平，和他们谈些桥牌呀，高尔夫球呀，政治呀，领带呀这些。于是大人们就十分高兴能认识我这样一个通情达理的人。

我就这样孤独地生活着，没有一个能真正谈得来的人。

（圣埃克苏佩里著，林秀清译，《小王子》，中国华侨出版社，2010 年版。）

孩子画出的图画"巨蟒正在消化一头大象"——这就是孩子的梦想。但是大多数人看不懂，他们按照自己的理解，把孩子的目标称为"帽子"。孩子觉得被误解，于是努力地把"梦想"讲清楚，告诉他们这不是"帽子"，这是"巨蟒正在消化一头大象"。

这次他们看懂了，可看懂了的他们却告诉孩子，别去做那些"无用的幻想"，为什么不把精力放到"实实在在的价值上，比如学习地理、历史、算术、语法上”？

于是孩子明白了，一个有梦想与目标的人，注定是不被人理解的，正如“小王子”感叹的那样：“我就这样孤独地生活着，没有一个能真正谈得来的人。”

我们这个世界很现实，大多数人“求同”却少有人“存异”。大多数人不喜欢异类，可一个优秀的人就是异类。平庸的人总想让这个世界变得跟他们想象的一模一样，可如果强者与平庸的人一样，那么又怎么会被称为强者？

哥白尼创立了“日心说”，它让世人明白不是太阳围绕地球转，而是地球围绕太阳转，然而等待他的不是鲜花与掌声，而是被世人误解，以致被活活烧死。

爱因斯坦创立的“相对论”引领人类进入原子时代，然而等待他的也不全是鲜花和掌声，很多守旧的物理学家攻击他的理论是“奇谈怪论”，就连他获得诺贝尔物理学奖的时候，授奖通知都特别指出，他在获奖演说时不能提相对论，因为那时相对论还有很大的争议。

鲁迅曾说过：“猛兽总是独行，牛羊才成群结队！”商鞅在变法时对秦孝公说：“至德者不和于俗，成大功者不谋于众。”意思是探讨最高道德的人不与世俗合流，成就大业的人不与一般人共谋。

浅水喧闹，深潭无波，浅水喧闹的是鱼虾，而蛟龙永远都藏于深潭。人生这场戏的最终结局，无非就是围绕目标的一个个选择和坚持，需要的是“锁定目标专注重复”的勇气与毅力。

洛克菲勒说，目标是驱动我们潜能的关键，是主导一切的力量，它可以影响我们的行为，激励我们想方设法找到实现目标的方法。一个人可以失败许多次，但是只要他心中还有目标，他就不是一个失败者。

有时候，我想，人生路上有阻挡你梦想的砖墙，那是有原因的。这些砖墙是想让我们证明，我们究竟有多么想要得到我们需要的东西。

孟子曰：“天将降大任于斯人也，必先苦其心志，劳其筋骨，饿其体肤，空乏其身，行拂乱其所为，所以动心忍性，曾益其所不能。”

上天将要把重大职责降临到某人身上时，一定要先使他的意志遭受折磨，使他的筋骨经受劳累，使他的身体肠胃忍受饥饿，使他的全身困苦疲乏，使他的行为总是遭受困扰麻烦，以此激励他的心志，使他性情更加坚忍，从而让他能够去做过去做不到的事。

/ 第五章 /

30 天自律训练：

从现在起，人生终将不同

社会学有一个词叫社会化，什么叫社会化？意思就是，在你从小到大的成长过程中，社会总有一套“不成文”的标准。比如，我们这个社会的逻辑是这样的，年龄越小，社会越宽容你的缺点，越欣赏你的优点。

随着年龄的增长，逻辑会发生改变，优点所起的作用越来越小，缺点所起的作用越来越大。

也就是说，年龄小，社会不在意你的缺点，主要看你的优点；而成年人，社会不再看你的优点，主要看你的缺点。

为什么会这样？在法律上，未满14周岁叫未成年人，意思是你正在成长。未成年，是一个学习成长的过程，所以人们会用成长的眼光看你。人们相信，随着年龄的增长，你会改掉缺点，你会懂得如何训练自己，如何把自己培育成一个优秀的人。

当你18周岁时，社会称你为成年人，意思是你已经懂得是非曲直了，懂得什么是缺点，什么是优点，懂得约束自己的行为，社会不会再宽容你的缺点。这时，你唯一能够在社会上立足的武器，叫“自律”！

对于成年人来说，无论是社会对成年人的要求，还是自我要求，自律都成为 18 周岁以上任何一个人的“标配”。

> （1）在社会标准中，法律规定任何一个成年人必须对自己的行为后果承担责任，经济上自立，精神上自主，个人形象与言行符合社会要求，做不到这一点，就会被社会抛弃。从这个角度看，很多所谓成年人实际上还没有长大。
>
> （2）对个人而言，为什么每个成年人需要“自律”？因为自律本质上是约束自我，根据目标花费时间，而不是随心所欲地浪费时间。这样做的好处是，从此我们将拥有自由的时间，可以在我们“需要”的时候去做该做的事。因为自律意味着你必须有所放弃，不能全部都要。

你想要保持完美的身材，维持身体的健康，你就必须把时间花到身体上，必须和垃圾食品说再见，不能再肆无忌惮地吃麦当劳和肯德基。

孩童与成年人最大的区别，就是孩子可以不停地索要。他以为只要哭或耍赖，父母就会给他任何他想要的东西，而不用付出任何成本。

当你长大了，什么都要靠自己的时候你就会发现，这个世界上任何好的东西都是要付出代价的，哪怕想有一个好一点儿的身材，都要付出常人难以承受的代价。

如果整天浑浑噩噩无所事事，放纵自我随波逐流，随心所欲不放弃任何享受，不知道目标为何物，就不要做英雄式的梦，好好地得过且过。既要梦想成真，又要毫不费力，怎么可能呢？

自律这两个字，就是让你懂得，世上没有免费的午餐，约束自己，对人生做减法，懂得哪些东西不该要，哪些东西即使拼了命也要去争取，这就叫成熟。

见证自律的力量：做情绪、欲望的主人，而不是奴隶

美国著名的自我成长与领导力大师柯维在他著名的《高效能人士的七个习惯》中写过这样一句话："不自律的人就是情绪、欲望和感情的奴隶。"

"情绪、欲望和感情的奴隶"就是孩子，一个成年人仍然是"情绪、欲望和感情的奴隶"，就说明他还没有长大，在心智上他还是个"孩子"，也就是我们常说的"幼稚"。

而不做"情绪、欲望和感情的奴隶"，就叫自律。斯坦福大学心理学教授沃尔特·米歇尔博士曾对斯坦福大学附属幼儿园 500 多名幼儿进行了一个"自律实验"，也就是经典的"延迟满足"棉花糖实验。

这个实验想证明一件事：一个 4 岁的孩子在面对棉花糖的诱惑时，能保持多久的自律。

实验中，一群小孩坐在桌前，研究人员对孩子说："看到这块棉花糖了吗？我现在要离开这个房间，如果你在我离开房间的时候吃，就只能吃一块；但如果你能等我回来再吃，我会再给你一块棉花糖。要记得，如果你在我离开的时候吃了一块，就没有第二块了。"

大部分孩子在研究人员走后，立即拿起第一块棉花糖就吃掉了，这是很正常的现象。只有约 20% 的孩子等到研究员回来才吃，然后他们获得了第二块棉花糖。

14 年后，当这些参加实验的孩子 18 岁时，沃尔特·米歇尔又做了跟踪调查。他发现自律的孩子在学业上的成功超过不自律的孩子，并且与同龄人比起来，他们更善于控制自己的负面情绪，拥有更优秀的社交技能，更少发生"抽烟、吸毒"等青春期问题，也能更好地应对压力和挫折。

当这些孩子成长到中年时，那些从小自律的孩子更善于规划以及有条不紊地追求长期的人生目标，收入与职业声望远高于不自律的孩子。

这个实验证明了一点，那就是人的分布也存在二八定律，即生活中的"强者"只是少数，而这少数形成的主要原因就是自律。

自律把人分成高收入与高职业声望的 20%，而这种能力甚至在孩童时代就形成了，自制力更强的孩子，长大后能够拥有更成功的人生。

其实，中国有句老话早就说明了这一点，即“3 岁看大，7 岁看老”，意思就是一个人长大后会是什么样子，3 岁基本就能看出来了，而一个人老了会是什么样，7 岁就能看出来了。

不过，这个结论小看了后天的努力，中国还有句古话叫“大器晚成”，意思就是有些人到了成年之后突然“开窍”，明白了人生的价值，于是开始自律，一样成就了一番事业。

中国文学史上大名鼎鼎的苏东坡，是大家熟悉的名人。苏东坡的父亲苏洵，也是北宋时期的大文学家。苏家是宋朝赫赫有名的书香门第，一父两子都名列“唐宋八大家”。

其实，苏洵早年自视天资聪颖，觉得自己一定会有所成就，所以并不十分努力。等到 27 岁时，他才发现自己一事无成。他的父亲鼓励他，只要努力，任何时候都不晚！

于是他开始发愤学习。27 岁，对现代人来说还不算老，但是古人寿命短，讲究三十而立。所以，27 岁对苏洵来说，已经是“老大不小的年纪”。想一想，如果从 27 岁才开始发愤读书，比起那些从四五岁就开始读经典诗词的人，苏洵的努力的确是太晚了。

苏洵不仅努力学习，而且把目标定在科举考试上。虽然连续几年都落榜了，不过他毫不气馁。后来，苏洵终于成为博览群书、学富五车的大家，下笔就能写出数千言的好文章，连皇帝读了他的文章都赞叹不已，引得当时许多学者争相模仿他的文章，苏洵也终成一代大文豪。

30 天实验：认真的人改变自己，坚持的人改变命运

回答下面这些常见的问题，测一测你的自律程度（每个问题满分 10 分，按 0 ~ 10 分给自己打分）。

1. 你每天按时起床，包括周末？
2. 你有什么瘾（打游戏、玩手机等等）希望戒掉但是没有成功？
3. 你工作日里每天浪费多少时间？周末呢？
4. 当你向别人许诺时，有百分之多少的可能性会失约？
5. 当你向自己许诺时，有百分之多少的可能性会失约？
6. 你经常锻炼身体？
7. 你在工作日能持续保持精力集中多久？
8. 你有一个明确的、写在纸上的目标吗？你做过计划去实现它们吗？
9. 你现在看起来如何？你的外表能不能体现出自律呢

（着装、打理等等）？

10. 你通常选择食物是出于健康考虑还是口味？

如果你对自己的分值不满意，那么请你从上面这些问题中选定一个，或者你也可以选其他你觉得有价值的问题，用30天的时间向自己的弱点挑战，走出自己的舒适圈，去做自己想做的事，成为一个自律的人。

谷歌有位高级工程师，叫马特·卡茨，曾经有一段时间，他厌倦了生活的重复以及事业没有提高的现状，他决定用30天实现一个“自律计划”，他想看看30天自己能否养成一个好习惯，或者改掉一个习惯。

他给自己列了一份30天挑战计划。

完成4个任务：

1. 骑车上班。
2. 每天行走1万步。
3. 每天拍一张照片。
4. 写一本5万字的自传。

克服4个习惯：

1. 不看电视。

2. 不吃糖。

3. 不玩推特。

4. 拒绝咖啡因。

30 天后，他成功了。著名的 TED 演讲邀请他做了一个演讲，他的演讲一下子风靡整个互联网。人们发现，原来改变生活，改变自我，成为一个自律的人，只需要 30 天。

这 30 天，给了马特·卡茨什么启发？他说，当我在 30 天完成这些挑战之后，发现这 30 天给我的不仅是做成了一些事，更重要的是，我感受到自律的力量是如此强大。原来我们忘记了最伟大的力量就在我们自己身上。

他这 30 天内的一项挑战，是每天拍摄一张照片，记录这一天自己最值得纪念的事。这件事很简单，但让他建立了自信心，有了自信心，就能很自信地做更多更难更具有挑战性的事。

为了玩乐，他从一个计算机宅男极客变成一个爱骑自行车去工作的人。他甚至完成了去非洲最高山峰乞力马扎罗山徒步的计划，而他开始 30 天挑战自我之前，从来没有产生过冒险的念头，更别说行动了。

每年都有数以万计的人在 30 天里从零开始，尝试写他们自己的 5 万字小说，平均到每天就是 1 667 个字。写一个月，不看电视，不玩推特，拒绝咖啡因……

他做到了，做到的秘密是，除非在一天里你已经写完了 1 667 个字，否则就别想睡觉。这样似乎睡眠少了，但你能够完成一部小说！

这太令人吃惊了，不是吗？要知道他是一个工程师，不是作家，也许在他的余生里，在某个 TED 聚会上，他不必这样介绍自己："我是一个电脑科学家。"也许他可以说："我是一个小说家。"

现在，大家从他的博客上可以看到，他已经坚持做了 40 个"30 天实验"了，也就是坚持了 40 个月，算下来也快有 3 年半了，太了不起了！

马特·卡茨的 30 天自律实验有一个非常重要的核心点，就是一开始只做一个很小的行动，那就是一天拍一张照片。

"这很简单，但让我建立了自信心，有了自信心，就能很自信地开始做更多更难更具有挑战性的事。"

有人提到"改变"就觉得头疼，觉得太难了，所谓"江山易改，本性难移"，然后小事不愿做，大事做不了。

人生有一种痛苦，便是想的太多，做的太少。事情还没有做，脑子中各种想法就层出不穷，结果越想越迷茫，越想越焦虑，"甚至开始怀疑人生了"。

所以，请记住，你的 30 天自律实验一定不要急功近利，不要妄想立竿见影，一开始关键是有信心，有了信心就能够坚持，坚持下去就能够朝着正确的目标持续走下去。

比如，你可以从这样一些小事入手：

1. 每天比过去早起半小时，坚持听有声书 15 分钟。
2. 每天比过去早睡半小时，坚持在入睡前看书 15 分钟。
3. 每天行走不少于 5 000 步。
4. 每星期去一次健身房，或做户外运动。
5. 每星期写一篇感想，记录这一星期的得失。
6. 把东西放在固定的位置。
7. 在前一天晚上准备好第二天要用的东西。
8. 以分钟为单位计时，而不是以小时。
9. 随身携带笔记本，记录时间都去哪儿了。
10. 每天静坐冥想 5 分钟。

这 10 个习惯小得不能再小，但若能长期坚持，你就会有不一样的人生。

这个世界上最可怕的事，是优秀的人比你更努力、更自律

万达官方微博曾经公布过中国首富王健林 2016 年 11 月 30 日的行程表。

- 4：00 起床。
- 4：15—5：00 健身。
- 5：00—5：30 早餐。
- 5：45—6：30 前往机场。
- 7：00—12：15 雅加达飞海口。
- 12：20—12：45 到达海南迎宾馆。
- 12：45—13：00 海南领导会见。
- 13：00—13：20 海南万达城项目签约仪式。
- 13：20—14：10 便餐。
- 14：10—15：00 前往机场。
- 15：00—18：10 海口飞北京。
- 15：00—19：10 到达办公室。

从行程表上看，已经 60 多岁的王健林在一天之内飞了两个国家三座城市。这样算算，他每天的工作时间在 12 小时以上。

这个世界上最可怕的事情就是，比你有钱的人比你还努力，甚至比年轻人更有活力，而这个人还是首富。

我说过，所有自律，都是围绕时间进行的，因为衡量人的价值最重要的标准，是看他把时间花到什么地方了。王健林为了能高效地工作，从不浪费一分钟，但更值得称赞的，是珍惜他人的时间价值而进行的自律。

联想创始人柳传志是中国著名企业家，有一次他到中国人民大学去演讲，为了不迟到，他特意早到半小时，在会场外坐在车里等待。演讲前 10 分钟他从车里出来，到会场时一分钟不差。

有一次，温州商界邀请柳传志为当地企业做演讲。可不巧那天暴雨突袭温州，柳传志搭乘的飞机无法在温州降落，只能迫降上海。陪同的助理建议第二天早晨再乘机飞往温州，温州会场的组织者也建议这样做。

但柳传志不同意，担心第二天飞机再延误无法准时参会，于是他不顾旅途劳累要坐汽车前往温州，要知道上海到温州近 500 公里，开车要 6 小时左右。

出发的时候已经很晚了，到达温州时已经是第二天早上 6 点。柳传志红着眼睛出现在会场，得知这一情况的所有在场商界人士，起立为他鼓掌长达 3 分钟。

柳传志能够在中国商界取得如此成就，并不完全因为他把联想做得很大。比联想大的企业也有很多，人们尊重柳传志，是因为他的人格魅力，而这种魅力来自他对自己严格的自律。

为什么王健林、柳传志这样的人似乎永远精力充沛，不仅能把本职工作做得非常好，还能参加许多社团、活动、运动等等，在每个领域中人们都能看到他们活跃的身影。

很多人看到这种状况时，会很自然地说：“那是因为他们天生比较聪明。”但是真相是，他们付出了比大多数人更多的自律与努力，才成为时间的主人。因为成为时间的主人，所以他们取得了那么多的成就。

《圣经》中有一个故事，讲的是在圣殿入口处有一个捐钱的箱子，就如同我们很多寺庙中的“功德箱”，很多富人大把大把地往箱子中放钱。

这时走过来一个穷寡妇，她往箱子里放了两个小硬币，这时耶稣就把门徒叫过来，告诉他们，这个妇人捐献的远比富人多，因为富人捐的是余钱，而穷寡妇捐的是她仅有的一点儿糊口钱。

为什么这个寡妇要把自己的糊口钱捐了？按道理，她那么穷，完全有理由不捐，甚至有理由让别人帮助她。

但她选择把自己仅有的糊口钱捐了，难道她没有想过这样自己会挨饿吗？

如果我们把宗教的含义去掉，把“上帝”等同于“规律”，就会得出一个结论——那些富起来的人，除了少数不法分子之外，大部分是因为他们把时间捐献给了“规律”，才有了财富或地位。

在时间的意义上，所有人都是平等的，无论穷人还是富人，他们拥有的时间都是相同的，而所谓自律，就是懂得把时间用在什么地方。

为什么我们需要“自律”？透过自律我们就能在“需要时间”的时候，把时间花到目标与梦想中，从而真正改变人生。

自律训练三大要点：做一个有灵魂的自律强者

记得小时候老人总对我们讲一句话：用力长力。意思就是你越用力，力气就会越大，现在我们明白了，这是因为肌肉在用力的过程中会成长。肌肉的这种成长机理叫“代谢应激”。当我们全身肌肉被调动起来后，肌肉纤维会进行另一种细胞改变，当肌肉承受拉伸时会发生细微损伤，受损细胞会释放出一种叫细胞因子的炎性分子。

炎性分子可以激活身体的免疫系统，从而修复肌肉损伤，使其更强大。所谓增肌就是肌肉不断受到损伤，不停地自我修复，训练得越频繁，肌肉增长得越好。

也就是说，训练身体使其增加肌肉的原理有三步。

第一步必须破坏肌纤维——只有破坏了我们的肌纤维，肌肉才能得到重建，肌肉只有在被破坏之后，才能产生重建的需求。

这里请注意，如果不破坏肌纤维，让肌肉处于舒适状态，就不会有细胞的受损，没有细胞的受损，细胞就不会释放细胞因子，没有细胞因子，肌肉就不能强健起来。

而破坏肌纤维会产生强烈的疼痛，不仅当时会疼会感到难受，有时候还会疼痛好几天，这就是大多数人不愿意锻炼的原因。不锻炼，待在舒适区就不会有这些问题！

第二步是肌肉被破坏之后，需要营养物质去修复，这些营养物质包括蛋白质、碳水化合物等等。在肌肉得到修复之后，我们的肌肉在一定程度上会变得比以前更强健，肌肉围度也会有一定的增大，达到一种超量恢复的效果，从而实现增肌。

第三步是让肌肉有规律地休息，让身体有足够的能量修复受损肌纤维。人体在睡觉休息的时候，体内细胞更新最频繁，这时肌肉的修复和生长才能达到最高峰。而其他时间肌肉处于活动期，是不会有很好的增肌效果的。

锻炼—营养—休息，在这个过程中，肌纤维被破坏，然后被修复，再被破坏，再被修复，肌肉从而得到生长。持续坚持，就能看到肌肉会越来越粗壮，肌纤维也会变得越来越密，形成一个良性循环。

总结起来，一个人要想练肌肉，只需要抓好以下三个要点。

训练

高强度的训练能促进压力激素的释放，也能促进合成代谢激素，如睾酮和人体生长激素，这些激素对肌肉的围度和力量增长至关重要。

训练过程会很痛苦，会有种炙热的感觉，这是因为乳酸在肌肉里形成和堆积，而乳酸可以导致肌肉生长。训练肌肉最好的方式就是 8 ～ 12 次的组合动作和 60 秒的间歇，如果间歇过长，就不会产生代谢激素；如果你的训练整体上三天打鱼两天晒网，也不会促进肌肉生长。

休息

肌肉是在休息而不是训练时增长的。在睡眠中，睾酮和人体生长激素的释放会达到峰值。如果睡眠不足，你的身体就不能最大化形成合成代谢，你就不能增长更多的肌肉，睡眠状态有利于肌肉训练后的修复。

营养

蛋白质是促进肌肉生长最重要的物质。当我们摄入蛋白质类食物时，蛋白质会被分解成氨基酸，氨基酸会被重新吸收利用，变成新生肌肉组织，蛋白质与身体激素相互作用，可以有效地帮助肌肉组织修复生长。

如果蛋白质摄入不足，你的身体就很容易进入氮收支不平衡状态。氮的含量和肌肉生长密切相关。氮含量越高，氨基酸合成越强。当氮含量很高时，身体会处于正氮平衡状态，这对肌肉增长非常有利。

如果说增肌是肉体的自我训练，自律就是一个人精神的自我训练。这一过程与肌肉增长过程几乎一样，或者肌肉增长过程的背后就是一个人的精神自律，只有精神上高度自律，才可能坚持下去。

第一步：自律训练，撕开旧习惯，培养新习惯，使我痛苦者，必使我强大。

正如肌肉增长的第一步是要撕开肌肉一样，一个人自律的第一步就是撕开旧习惯。比如，过去的习惯是每个周末躲在家里、赖在床上，这该多舒服！而现在要有新习惯，每周进行三四次户外活动或去健身房，这是不是让你感到很难受？

过去吃饭的习惯是想吃什么放开了吃，专门挑好吃的吃；现在要有选择地吃，好吃的不能吃，不好吃的拼命吃，这是不是让你感到很难受？

过去的习惯是想方设法躲避肌肉疼痛；现在要习惯每次训练时肌肉拉开的疼痛，甚至是专门训练某些部位直到疼痛，这是不是让你感到很难受？

有句谚语说得好，“没有痛苦就没有收获 ”。精神的成长，同样需要经历情感的痛苦与意志的磨炼。

记住，自律其实是要改变我们的思维习惯，比如我们总是怨天尤人，总是觉得上天对别人太好，对自己不公，当这些情绪在内心囤积久了，说出的便都是抱怨。

而当我们觉得来到世上，生命只有短短的几十年，值得自己爱的父母、爱人、子女都没有足够的时间去爱，那么多事都没有时间去做，哪还有时间去恨，这时脱口而出的便只有感激。

自律就是要从满口抱怨这一端，转向充满感激的另一端，这样的转变如何才能做到？答案是行动。从决定自律的那一刻起，你就不再是过去的你，一个新的你正在路上。

如何行动？试试一个小小的精神自律训练，这个挑战的主题叫“接纳自我”。挑战内容是：（1）30 天不说自己不好，连想都不可以，违反了立即说“喔喔！我错了，马上改”；（2）每天写一段话，赞美当天的某事、某物或某人，要简明扼要。

第二步：适当休息，安排好时间，不懂暂停的人就不懂冲刺。

肌肉成长需要细胞有好的休息环境，锻炼之后，休息得越好，肌肉成长得越快。同样的道理，自律意味着精神的“受苦”，意味着用强大的意志力强迫自己，为目标而努力。

一味高度自律而没有休息放松的生活，就像越上越紧的发条，从不停下或者放松一下，长此以往，发条迟早要绷断。

所以，自律行动计划一定要安排相应的休息与娱乐活动，或者任何自律行动都要伴随着高质量休息的自律计划，要记住，自律的目的是追求高质量的生活，而高质量生活的基础是高质量的休息。

高质量的休息就是要把工作、事业与休息彻底分开，不要工作的时候休息，休息的时候工作，这样什么都做不好！

要知道，人很容易被诱惑，意志也很容易松懈，比如想休息一下，打开手机玩几分钟，结果打开手机不知不觉一小时就过去了。

所以，最好的方式是把休息安排成明确的项目，比如户外运动、朋友聚会、看电影、睡觉，或听音乐。总之，休息的内容越明确，休息的质量越高。

第三步：营养。

肌肉成长需要蛋白质等优质营养，同样，精神的自律需要“优质营养”，这个优质营养就是“志同道合的朋友”。

请注意，这里的朋友不是一般的朋友，而是“志同道合的朋友”。什么叫“志同道合”？就是你如果在做减肥的自律，你就要找同样在减肥的朋友。

中国有句古话，叫“妻好一半福”，意思是一个好妻子等于人生一半的幸福。其实妻子就是丈夫“最亲密的朋友”，人是群居动物，做任何事都希望有一群人在做，而不是自己一个人在做。一个人孤单地做会很难受，需要更大的毅力，而一群人做会充满快乐。

朋友为什么在自律中如此重要？从利益得失上讲，朋友不坚持，就意味着你会失去一个朝着目标一起迈进的朋友；朋友不认真，就意味着你会缺少一个可以互相学习的人。所以，志同道合的朋友在人的生命中有很重要的作用，“人生得一知己足矣”表达的便是这个意思。

仪式感人生：让世界瞧吧，我将如鹰般重生

今天，在世界的任何一个角落，你都能听到贝多芬那些不朽的名曲，它们已经成为人类共同的精神宝藏。两百多年来，它们激励了无数人，正如罗曼·罗兰在《贝多芬传》中描述的那样：

> 他是那些受苦敢于抵抗的人最伟大、最好的朋友。当我们因世界的劫难而忧伤时，他就是那个跑到我们身旁来的人，仿佛坐在一位失去儿女的母亲身边，默默无语，在钢琴上弹出一曲隐忍的悲歌，来安慰伤心的人。当我们同道德中的善恶进行毫无效果却又无休止的争斗后，感到精疲力竭，重新回到这片意志和信仰的海洋中浸泡一下，将获得妙不可言的慰藉和力量。他身上所散发的是一种勇气、一种斗争的幸福、一种感到与上帝同在的陶醉。
>
> （罗曼·罗兰，《贝多芬传》，陕西师范大学出版社，2010 年版。）

有一个喜欢流行音乐的年轻人，有一天被朋友邀请参加贝多芬音乐会专场，由国际著名交响乐团演奏，在去之前，朋友特意要求他穿正装参加。

这个喜欢流行音乐的年轻人觉得这不是太一本正经了吗？但碍于情面，他还是换上了西装，打了领带。到了音乐厅，他发现绝大多数人都穿着正装，很多女士还穿了礼服。

入座之后，这个习惯了流行音乐随意嬉闹风格的年轻人，从现场的气氛和音乐本身感受到一种莫名的约束力，慢慢地开始沉浸在音乐的氛围中。整场下来，他都正襟危坐，非常投入地在欣赏。

音乐会结束，他开始去网上下载大量的贝多芬音乐，开始读《贝多芬传》。慢慢地，他喜欢上古典音乐，喜欢读书与思考，他也理解了为什么参加古典音乐会要穿正装。

在这个小故事中，着正装参加古典音乐会，是古典音乐会的“仪式”。什么叫仪式？就是内容需要有相应的外在形式来配合，才能真正传递出内在的含义。

就像过春节，为什么除夕要合家团圆吃年夜饭？为什么见面要给孩子“压岁钱”？为什么放鞭炮？这都是“仪式”的要求。

同样，为什么结婚要办婚礼？要互送礼金？按社会学的说法，如果你下定决心赋予时间以意义，想从某一刻起让以后的生命从此不同，想从某一刻起让生命拥有另一种意义，你就需要赋予“此刻”以仪式感。

为什么春节需要那么多仪式？因为春节对于每个中国人都很重要。为什么结婚需要那么多仪式？因为婚姻对每一对相爱的人都很重要！

现在我们明白了，如果一件事很重要，你就需要给这件事一个仪式。想自律的人很多，为什么能够坚持的人很少？而一件事之所以不能坚持，是因为你没有认识到这件事真正的重要性。

所以，如果你下定决心要自律，要从自我放任的生活状态转到自律自强的生活状态，那么请花足够的时间为自律做一个仪式，从仪式中感受“自律”对你的重要意义。

还记得《小王子》里关于仪式的那一段吗？就是小王子第二天去找狐狸的时候，狐狸对小王子说的那一番话：

> “最好还是在原来的那个时间来。”狐狸说道，“比如，你下午四点钟来，那么从三点钟起，我就开始感到幸福。时间越临近，我就越感到幸福。到了四点钟的时候，我就会坐立不安；我就会发现幸福的代价。但是，如果你随便什么时候来，我就不知道在什么时候该准备好我的心情……应当有一定的仪式。”
>
> “仪式是什么？”小王子问道。
>
> “这也是一种早已被人忘却了的事。”狐狸说，“它就是使某一天与其他日子不同，使某一时刻与其他时刻不同。”
>
> ……
>
> “再见。”狐狸说，“喏，这就是我的秘密。很简单：只

有用心才能看得清。实质性的东西，用眼睛是看不见的。”

“实质性的东西，用眼睛是看不见的。”小王子重复着这句话，以便能把它记在心间。

“正因为你为你的玫瑰花费了时间，这才使你的玫瑰变得如此重要。”

“正因为你为你的玫瑰花费了时间……”小王子重复着，要使自己记住这些。

“人们已经忘记了这个道理，”狐狸说，“可是，你不应该忘记它。你现在要对你驯服过的一切负责到底。你要对你的玫瑰负责……”

“我要对我的玫瑰负责……”小王子重复着……

（圣埃克苏佩里著，林秀清译，《小王子》，中国华侨出版社，2010年版。）

在这个童话中，狐狸让小王子明白了生命的价值是要用时间去发现的，而时间才是人们看不到的价值，“正因为你为你的玫瑰花费了时间，这才使你的玫瑰变得如此重要”！

那么，自律的仪式怎么做？下面是自律仪式的四大要点。

第一，为自律目标取一个代号，画一个符号。

比如“阿波罗计划”是美国给登月计划取的名字，阿波罗是古希腊神话传说中一个掌管诗歌和音乐的太阳神，传说他是月神的胞弟，曾用金箭杀死巨蟒，替母亲报仇雪恨。

美国为什么要选用这位为母亲报仇雪恨的太阳神的名字来命名登月计划？那是因为苏联宇航员尤里·加加林于 1961 年 4 月 12 日搭乘东方 1 号飞船升空，成为第一个进入太空的人。

这一壮举大大刺激了美国，也加深了美国对在太空竞赛中落后的恐惧，它希望以“阿波罗”的含义表明美国人将重新夺回太空霸主的地位。

所以，你也要为你的目标取一个代号，并为它画一个视觉化的“符号”，把这个符号贴在墙上，或者做成计算机或手机的屏保，时时提醒自己，你是一个“自律”的人。

第二，在社交媒体上公开自己的自律目标。

有监督才有压力，脸面是最好的保证，很多人害怕自己的目标实现不了，因而不愿意公开，怕被人笑话，觉得自己悄悄努力就够了。

有一句话说得好，不要低估一个人的潜力，也不要高估一个人挖掘潜力的自觉性。人都有惰性，而惰性是追求目标的大敌。

那该怎么办？公开目标，给自己制造一种压力。试想，在压力之下你尽了最大的努力，即使实现不了目标，对人生也是一种告慰，总比后悔自己没有拼一把强！

第三，给自己定一个“自律节点奖励与处罚”。

把目标管理分解为若干小目标，每实现一个小目标给自己一个奖励，做不到就给自己一个处罚。

任何远大的目标似乎都是遥不可及的，但如果将其分解为若干小目标，就像过去进京赶考一样，上千里路，一天走几十里，定好目标，每个考生都可以实现进京赶考的目标。

第四，给自己定好“自律行为规则”，做到“三要三不要”。

（1）要什么样的朋友，不要什么样的朋友：你选择什么样的人做朋友，就说明你想成为什么样的人。

（2）要参加什么样的活动，不要参加什么样的活动：你选择什么样的活动，就说明你想要什么样的生活。

（3）要按既定安排管理时间，不要三天打鱼两天晒网。

没有人生来就愿意经受苦难，但成功就是用困难和逆境淘汰弱者，能剩下的自然就是强者。

就如同传说中的鹰一样，它选择飞到山顶，在悬崖筑巢，忍痛长出新喙，长出新指甲，长出新羽毛，有了生命的重生，就可以再活 30 年。

记住，只有为梦想与目标而拼搏的苦难才是有价值的，否则，把人生的价值依附于苦难和困境，为苦而苦是没有意义的，因为只有有信仰的人，才会如鹰般重生。

/ 第六章 /

自律成功方程式：

趋势、合伙、客户价值

自律背后有只看不见的手：没有强大的个人，只有强大的合作

在通往财富的道路上，一个最大的谬论可能就是，有人认为财富就是一块饼，如果一方多得了，另一方必定拿得少。

事实上，在市场经济的竞技场上，这是一个天大的谎言。当你愿意为对方考虑，让对方受益的时候，你要相信对方也会为你考虑，让你也受益，否则这个交易就不可能达成！

曾经有这样一个寓言，说的是森林中迷路的盲人与瘸腿的人相遇，盲人说："我在森林中走了很长时间，但怎么也走不出去，因为我看不见。"瘸腿的人说："我躺在森林中已经很长时间了，我看得见，但我走不了。"于是盲人和瘸腿的人互相帮助，走出了森林。

在河北井陉县冶里村，住着两位身有不便的老人，贾海霞左眼先天性白内障，右眼在一次事故中被石头击中，结果双眼失明。

同村的贾文其，3 岁时触电失去双臂。

两人依靠低保过活，在村里人看来，他们就是“两个废人”。但从 2002 起，两人一起在当地自行种树，没钱买树苗，贾海霞就借助贾文其的肩膀爬上树，再按照对方的指挥用镰刀砍树枝育苗。

一个有手，一个有眼，你是我的手，我是你的眼。十几年如一日，14 年间他们用最原始的方式种树万余棵。

2016 年，美国有线电视新闻网旗下的 GBS 工作室拍摄了一部关于他们俩的短片，这个短片在国外社交媒体上的播放量很快就破了百万，两位老人被网友赞为“感动世界的植树老人”。

有个外国网友看到两人的事迹很感动，评论说：“美国需要多一点儿像你们这样的人，实际上我才是残疾人，我有健康的身体，却连自己的花园都种不好。”

美国经济学家米尔顿 · 弗里德曼曾获得过诺贝尔经济学奖，他写了一本书叫《自由选择》，书中讲了一个故事，叫“小铅笔的家谱”。

他说，制作铅笔需要木头，而木头是由树木做成的，这就涉及把它砍倒、运送，这个过程需要“锯、卡车、绳子……和无数其他工具”，如此复杂的制造过程涉及成千上万人，而没有人安排与规划这些事，那么这个过程是如何完成的？

比如铅笔的铅芯实际上不是铅，它是从锡兰开采出来的石墨，经过许多复杂的加工，最后才制成铅笔的铅芯。

那个我们叫作橡皮擦的东西，铅笔制造业里叫“插头”，很多人认为它是橡胶做的，起擦除作用的实际上是“硫化油膏”，这东西看起来像橡皮，其实是用印度尼西亚产的菜籽油和硫氯化物发生化学反应制成的。

一支铅笔被生产出来，这个过程极其复杂，需要成千上万人参与，可问题的关键是，他们中没有一个人是因为自己需要铅笔来做这件事的。他们中甚至有人从未见过铅笔，更不知道它是干什么用的。

如此多的人能够自动配合，各司其职制造铅笔，是因为每个人都不是为了制造铅笔，而是为了“赚钱”。

现在的问题是，怎样做才能让大家都赚到钱？答案是，市场上有人需要铅笔，并为此付费，这个付费的人我们叫客户——他们的购买使得成千上万制造铅笔的人获得了报酬。

这真是一个奇妙的配合过程，也是一个特别简单的过程。说奇妙，是没有谁坐在中央办公大楼里号令那成千上万人；也没有军队强制人们执行不曾发布过的命令，但铅笔竟然被制造出来了。

这些人居住在许多地方，讲不同的语言，信仰不同的宗教，还可能互相仇视——但是这些差异并不妨碍他们合作生产铅笔。

说简单点儿，是因为所有这一切都围绕着一个简单的号令在运转，这个号令就是客户的需求，客户购买什么，所有人就生产什么。客户的需求变了，所有人的行为就跟着变。

这种现象早就存在了，但是，把它上升为理论的是英国经济学家亚当 · 斯密，在二百年前，他指出，客户在市场上的购买行为，导致了全世界范围内的分工合作，不需要任何人来号令和指挥，他称这个力量为“看不见的手”。

亚当 · 斯密的伟大发现创造了今天我们称为“经济学”的学科，德国哲学家康德对此感叹，德国没有人像亚当 · 斯密那么厉害。法国文学家伏尔泰认为,法国甚至没有人可以与亚当·斯密相比。

原来，“客户是上帝”，并不是指客户在购买的时候是上帝，而是指客户就像“上帝”一样指挥着市场运转，任何力量，无论是政府还是企业都比不上客户对市场的作用。

从另一个角度讲，如果政府或企业（比如一些巨无霸企业）企图控制市场，希望发挥比客户更大的力量，就等于跟“上帝”在较量，实在是不自量力。

为什么我们要花这么大力气讲市场的力量，讲客户在市场购买中这只看不见的手？是因为这个力量，这只看不见的手，让强者进入一个新阶段，让自律拥有了特殊的价值。

在这个阶段，每个人只要遵循市场的交易规则，越有利于他（客户），就越有利于自己；越有利于自己，就越有利于他（客户）。在市场经济时代，自律的游戏规则出现一个全新的变化，那就是没有强大的个人，只有强大的合作。

市场让“利他”成为最好的赚钱之道

可以说，市场经济让全世界的“盲人”与“瘸腿的人”自动地合作，这种机制厉害的地方在于，每个人都是自私的，都只为自己赚钱着想。但每个人所做的一切，如果单独看，比如制造铅笔的每个单独部件都是没有价值的，只有“合作”才能创造出铅笔的价值。

虽然每个人都以利己为出发点，但是“利他合作”却是实现利己的唯一通道。市场经济这种伟大的机制创造了人类在深度与广度上的无限合作，市场让“赚钱利己”成为最大的利他，让“利他的客户价值”成为最大的利己，这是多么伟大。

讲到这里，我们发现，市场经济给人类创造了一个完美的强者形成机制，那就是越为客户考虑的人财富越多，而财富越多越能够用财富购买更多想要的东西，这就是现代社会的强者！

无论是阿里巴巴的马云，腾讯的马化腾，还是万达的王健林，他们都是市场经济时代的强者，他们之所以能够成为强者，就是因为他们懂得如何整合资源，为客户创造价值。

市场经济是一个比赛场，比赛的目标是自己赢。然而比赛的过程却是如何让别人赢——你让别人赢的越多，愿意与你交易的人越多，你获得的就越多。

那么，如何让别人赢？第一件事就是让别人喜欢你。

沃尔玛是全球最大的零售企业，它的创始人叫沃尔顿，沃尔顿在学生时代就知道让别人快乐会让自己受益。沃尔顿回忆说，他很早就懂得成为一名校园领袖的秘诀之一就是，首先要向对面走来的路人打招呼……他总是直视前方并朝每一位向他走来的人打招呼。如果他认识他们，他会叫他们的名字；如果他不认识他们，他仍然会与他们说话。不久，他就成了学校里认识同学最多的人了。他们认识了他并视他为他们的朋友。他积极竞选每个社团的领导职位。

在沃尔顿创立了沃尔玛之后，他把这种“微笑服务”上升为整个公司的核心竞争力。曾经在一个圣诞节，沃尔顿通过卫星电视发表了一个具有历史意义的讲话：

> 我要你们同我一起宣誓。我要你们承诺，不管什么时候，只要你十步之内有一个顾客，你都要看着他的眼睛，欢迎他，询问他有什么需要帮忙的地方。这会儿我知道你们中有些人天生害羞，或者不想去打扰别人，不过要是你按照我的话去做，我保证，这会帮助你成为一位领袖人物。这会帮助你的人格成长，你会变得更开朗，假以时日你可能会成为你们分店的经理，可能会担任部门主管、地区经理或是任何你想在

公司里担任的职位。这会在你自己身上创造奇迹。我向你们保证。现在，我要你们举起右手——记住，我们沃尔玛人说到就要做到——我要你们跟着我念：从今天开始，我庄严宣誓，保证每次当我十步之内有一位顾客时，我会对他微笑，看着他的眼睛欢迎他。山姆与我们同在！

（山姆·沃尔顿、约翰·休伊著，杨蓓译，《富甲美国：沃尔玛创始人山姆·沃尔顿自传》，江苏凤凰文艺出版社，2015 年版。）

世界上最大的制药厂之一默克集团的利润法则是“旨在救人，利润随之而来”。乔治·默克二世在 1950 年说过：

我们要始终不忘药品旨在救人，不在求利，但利润会随之而来。如果我们记住这一点，就绝对不会没有利润；我们记得越清楚，利润就越大。

（吉姆·柯林斯、杰里·波勒斯著，真如译，《基业长青》，中信出版社，2009 年版。）

台湾的“经营之神”王永庆，虽然只是小学毕业，但他白手起家创办台塑集团，建立起全球首屈一指的石化王国，是台湾人心目中永远的经营之神。

15 岁那年，王永庆辍学后孤身来到台南嘉义县的一家米店当学徒。聪明伶俐的他处处留心老板经营米店的窍门，第二年便让父亲帮他借了 200 元旧台币，开了自己的米店。

他的米店刚开业就碰到困难。原来，城里的居民都有自己熟识的米店，而那些米店也总是紧紧地拴着这些老顾客。王永庆的米店一天到晚冷冷清清，没有人上门。

16 岁的王永庆只好一家家地走访附近的居民，好不容易才说动一些住户同意试用他的米。为了打开销路，王永庆努力为他的新顾客做好服务工作。

他主动为顾客送货上门，还注意收集他们用米的情况：家里有几口人，每天大约吃多少米……估计哪家的米快要吃完了，他就主动把米送到那户人家。他还免费为顾客提供服务，如舀出陈米、清洗米缸等。

他的米店开门早，关门晚，比其他米店每天要多营业 4 小时以上，随时买随时送。有时顾客半夜敲门，他也总是热情地把米送到顾客家中。经过王永庆的艰苦努力，他的米店营业额大大超过同行米店，生意越来越兴旺。

我想你一定有过这样的经历，穿梭在大街小巷时，时不时就会有可口可乐的店牌映入眼帘，难道现在可口可乐也搞“多元化”了，开起了小餐馆、小商店？

当然不是，那是可口可乐免费帮助小店制作的店牌，有时甚至还会送上冰柜。表面上看这些小店捡了大便宜，但这些无处不在的小店，其实就是可口可乐最廉价的广告渠道。

市场经济下，我们几乎能够从任何一个成功的人那里，看到这类“客户价值”的成功故事，这些故事改写了强者的逻辑，那就是每个平凡的人，都可以由“客户价值”实现“利己”。

从这个角度让我们重温一下“盲人与瘸腿的人”的故事，盲人“看不见”是他的缺陷，瘸腿的人“走不了”是他的缺陷，可当盲人和瘸腿的人互相帮助，他们就能走出森林。

TPC 自律成功方程式：趋势 + 合伙 + 客户价值

过去，我们说成功的时候，总是要讲这个人有多少“过人”之处，无论在能力还是毅力方面都是“超人”。也就是说，过去的强者，很大程度是个人单打独斗的成功。

但市场经济改写了强者的成功逻辑，那就是它不强调个人的“能力”或“毅力”，成功最重要的条件是懂得合作，懂得“客户价值”。

什么叫客户价值？客户就是为你提供的价值买单的人，有人买单，你的付出才有意义，你的自律才有价值，客户价值是市场经济时代衡量每个人价值最重要的标准，马云为什么能够成为中国首富？并非完全因为个人能力，而是因为有近 10 亿客户喜欢他的淘宝。

为什么同样是两个勤奋自律的人，一个成了亿万富翁，另一个却一贫如洗？道理很简单，成了亿万富翁的人一定有客户认可他，一贫如洗的人一定没有客户认可他。

我想告诉大家的是，在市场经济中，自律不再仅仅是个人的游戏，而是一个“利他”的游戏，懂得了客户价值，你的能力不够有没有关系？没有！

为什么？因为你可以把利益让渡给有能力的人，与有能力的人合作，就可以像“盲人和瘸腿的人”那样相互扶持，走出森林。

懂得了客户价值，你的毅力不够有没有关系？没有！为什么？因为你可以把利益让渡给有毅力的人，与有毅力的人合作，就可以像“盲人和瘸腿的人”那样相互帮助，走出森林。

现在的问题是，有能力、有毅力的人为什么要与你合作？客户为什么要为你的产品买单？这个问题才是值得我们每个人思考的“战略问题”。

很多人都看过《三国演义》，有能力的张飞与关羽为什么会成为刘备的手下，死心塌地为刘备打天下？那是因为刘备做了两件最重要的事，一是举起大旗“光复汉室”，这是战略方向；二是与他们结为兄弟，有福同享，有难同当，这是“利益共享”与“情感认同”。

马云本来是一位英语老师，为什么本来在跨国公司做高管，年薪上百万的人要投奔他，与他一起创业？是因为互联网是未来的趋势。为什么全球著名的投资家孙正义在马云的事业还很小并亏损时，向马云投了 2 000 万美元？是因为马云不是一个人，他有一个齐心协力的团队。

我觉得，市场经济中一个自律的人要成功，他需要做三件事，需要把这三件事整合在一起，我们简称为 TPC 成功方程式。

一是趋势（trend）——在“时代趋势与客户价值”上成为领跑者，这是战略方向，优秀的人永远只追随领跑者。

二是合伙 (partner)——建立合伙体系，在利益分配上让他们满意，在情感上让他们有认同感。

三是客户价值 (customer)——锁定目标客户，为他们提供独特价值，获得他们的忠诚。

TPC 成功方程式 = 趋势（trend）+ 合伙（partner)+ 客户价值（customer）

这里要特别注意，为什么是合伙而不是合作？因为合伙包含了“利益共享与感情认同”两大要素。合伙是紧密的，而合作是松散的；合伙是长期的，而合作是短期的。

麦当劳是世界 500 强，2017 年的销售额是 228 亿美元，净利润 51.92 亿美元。但是麦当劳在开业之初，只是伊利诺伊州麦当劳兄弟经营的一家小规模汉堡餐厅，与路边的其他快餐店没什么两样。

但为麦当劳提供“多头搅拌器”的经销商雷·克洛克当年独具慧眼，他发现这家小店生意好的原因是麦当劳兄弟改变了“服务模式”：没有服务员，取消多品种，一切自助，顾客获得了“快”与“食品品质的稳定”。

雷·克洛克认为这种模式可以被大规模复制，于是他展开了和麦当劳兄弟的谈判、交易，成为麦当劳在全美唯一的特许经营代理商，并成立了特许经营公司——麦当劳公司系统公司（1960年改名为麦当劳公司）。

截至2017年年底，全球有超过3.7万家麦当劳餐厅，中国也随处可见，麦当劳甚至与可口可乐一样，成为美国文化的象征。

可大家想过没有，雷·克洛克会做汉堡吗？不会，会经营餐厅吗？不会，但他做了三件事，就是TPC成功方程式中的趋势、合伙与客户价值。

一是趋势，随着工作和生活节奏的加快，快餐将是一个世界性的大产业。

二是合伙，将“麦当劳模式”做成加盟合伙模式，将麦当劳变成一家上市公司，任何人都可以按照麦当劳的标准，成为麦当劳价值链中的一环。

三是独特的客户价值，创造标准化的服务与供应链体系，这使得餐厅的经营不再依赖大厨，而是成为一套工业化的运营体系。

小米公司成立于2010年，自创办以来保持了令世界惊讶的增长速度，2018 年在全球手机行业排名第四。

小米为什么能够在短时间内成为一家世界级公司？雷军创立小米时，找来 6 位联合创始人（合伙人）。

第一个是林斌，谷歌中国工程研究院副院长，微软工程院工程总监，可以说是当今软件产品和互联网产品技术领域数一数二的人物。

第二个是黎万强，历任金山软件的人机交互设计总监，设计中心总监和金山词霸事业部总经理，是国内互联网营销的顶级高手。

第三个是黄江吉，还不到 30 岁就成为微软工程院首席工程师，是国际级产品开发高手。

第四个是洪锋，甲骨文公司首席工程师、谷歌美国高级软件工程师、谷歌中国搜索产品经理，产品软件高手。

第五个是周光平，美国摩托罗拉手机总部核心设计组核心专家、摩托罗拉北京研发中心总工程师及高级总监、手机硬件顶级专家。

第六个是刘德，北京新锋锐工业设计公司创始人兼首席设计师，是国内顶尖的设计高手。

有了这样一个合伙人团队，才会有小米后来的奇迹。雷军所做的，就是 TPC 提示的成功方程式：趋势 + 合伙 + 客户价值。

第一，他在做大势所趋的事，智能手机的爆发是一个大趋势，任何优秀的人都只有跟随趋势才会成功。

第二，找到志同道合的人建立合伙体系，他设计了一套很好的利润机制，让参与者共享利益。

第三，以“性价比”与“便利化使用界面”为客户提供产品。

今天，衡量你强大的唯一标准，不是你有多大能力，而是你有多大合作力。合作的本质是价值观共享与利益共享，愿意共享的人，是互联网时代最强大的人。

要学会借势合作，用外面的资源做自己的事，才能把生意做大，否则就把生意做小了。要知道，互联网是一个打破界限的合作世界，你可以把任何一个外部优秀人才通过利益共享变成你团队中的一员。

花钱难，还是赚钱难：把钱花到让别人赢，你就赢了！

懂得了 TPC 成功方程式，你就找到了成功的方向与实现成功的路径，但是，这三件事加起来的核心是要“赚钱”，那么如何“赚钱”呢？

要赚钱必须先学会花钱，因为钱是用钱赚来的。现在这一问题就变成了你会花钱吗？或者你觉得花钱难，还是赚钱难？李书福讲过，以前他总觉得把钱赚进来不容易，而把钱用出去应该很容易。他刚刚参加工作的时候曾经看过一本书，书中有一句“赚钱容易用钱难”的警句，他始终没有忘记。

当初他百思不得其解，怎么会赚钱容易用钱难呢？大家都说赚钱不容易，用钱如流水，难道有钱还用不出去吗？他一直带着这个问题思考着。

李书福是谁？他是吉利汽车的创始人，2017 年他以 1 100 亿元名列中国富人榜第十位。吉利能够从一个地方小企业成长为世界级的企业，收购沃尔沃，成为奔驰股东，都是李书福一手造就的。

为什么用钱比赚钱更难呢？李书福说，以前他认为赚钱要比用钱难，而现在他觉得这个认识是错误的。吉利投资才几个月就关门大吉，是因为他的投资失误。《浙江日报》上刊登了吉利汽车的大广告，他一看，难看极了，完全是用钱毁容，花钱告诉读者吉利汽车很粗糙、很丑陋。这是因为吉利的广告人没有把钱用好。类似于这样的事情，经常发生在他身边。

然后他又说，把钱用好、用到位是一门大学问，虽然各有各的道，但不是人人都能把钱用好。用钱人要有基本素质，投资人要有基本资格，否则，资本就无法发挥其应有的作用。

用钱不同于赚钱，是否赚钱很容易考核，赚了多少钱也不难计算，而用钱就不是那么简单了，用得少不一定比用得多好，用得多也不一定比用得少好，关键是看怎么用，效果如何，结果怎么样。

用钱就是为了赚钱，投资就是为了回报，用钱难就等于赚钱难。

曾经有人问在股票市场上纵横驰骋数十年的“股神”巴菲特，作为一个投资人最重要的原则是什么，巴菲特的回答是：

第一条：绝不要亏损。

第二条：如果碰到问题的时候，绝对不要忘记第一条。

也许有人会说，巴菲特是做投资的，对他而言，投资就是要花钱，他被称为股神，意思就是他懂得如何通过花钱来赚钱。我们大部分人讲的花钱，其实是花在消费上，在消费上花钱，就很容易了。

这种说法对吗？好像花钱在消费上，花的就不是钱，好像消费就没有“回报率”一样。（有没有人发现，自己买了一堆没用或很少用的东西？这些钱如果用来投资，投对了地方，结果又如何？）

任何事都是有成本的，要想成为强者，就要懂得把钱花到什么地方，对于懂得钱的价值的人，任何花出去的钱都是“投资”。

退一步讲，就算“消费”不算“投资”，我们也不能把全部的钱都花到可有可无的消费上，而是应该拿一部分出来投资，赚更多的钱。

这个世界上，把钱用在消费上的是懂投资的人，还是不懂投资的人？巴菲特说得好：“股市与上帝一样会帮助那些帮助自己的人，股市与上帝不同的是，它不会原谅那些不知道自己在做什么的人。”

有这样一个故事，说的是一个犹太富翁，在自己行将老去之时，想把自己一生成功的经验留给自己的三个儿子。于是他请了很多专家总结自己的成功经验，以使自己的后代不断地富裕下去。

这些专家花了很多时间，做了大量工作，研究他为什么这样成功。最后，专家编成了很厚的 6 本书，然后对这个老富翁说，这就是你成功的原因。

病床上的老人看到了成果，非常高兴，但是看到那厚厚的 6 本书，老人很失望。老人说，这 6 本书太多，我不看，我要的不是这个。这些专家又花了 3 个月的时间，将之前的成果整合为一本书，然后告诉老人，这就是你成功的秘籍，真正的秘籍。

即将去世的老人花了几天把书看完，摇了摇头，觉得太复杂了，要求他们继续删减。在这样的情况下，专家们开了一个会，最后总结出一句话，拿给老人，得到了老人的肯定。

这句话是什么？就是“这个世界没有免费的午餐”。

这个故事当然无从考证，但它讲的道理无疑是对的，那就是把钱花到客户的满意度上，客户是我们的衣食父母，而我们要如何照顾好父母？

就像沃尔玛总裁沃尔顿说的那样，沃尔玛的老板只有一个，那就是顾客，是他付给沃尔玛每月的薪水，只有他有权解雇上至董事长下至普通员工的每一个人，做法很简单，只要他改变购物习惯，换到别家商店买东西就行了。

由此我们懂得了沃尔玛的经营理念：

第一条：顾客永远是对的。

第二条：如有疑问，请参照第一条。

我们来看这样一组事实：

1∶6：一个非常满意的客户的购买意愿比一个满意客户高出 6 倍

5%∶100%：把客户的满意度提高 5 个百分点，其结果是企业的利润增加一倍

1∶8：假如你失去一位老客户，那么你获得新客户的成本将是维护老客户的 8 倍

客户资源有一个特性，那就是客户越用越多。一个客户买你的东西越多，在你身上花的钱越多，你提供给他的价值越多，他对你就越忠诚。

反过来讲，客户买你的东西越少，你提供的价值越少，客户自然不会对你忠诚。也就是说，给客户提供价值最好的办法是赚客户的钱。

这就是市场经济下强者赚钱的逻辑，有人做过估算，平均下来，如果我们在维护客户时投入 1 元钱，如果这个客户忠诚于你，那么他一生中给你的回报是你投入的 2 400 倍。

所以，世界上最赚钱的事是对你的客户投入。真正持续的增长，真正的盈利模式就是对客户价值的尊重和对客户价值矢志不渝的追求。要想致富，就要把钱花到客户身上，让他们持续为你的产品买单。

从自律走向财务自由：你怎样对待钱，钱就怎样对待你

因为会花钱，有人从穷人成为有钱人；因为不会花钱，有人从有钱人变成没钱的人。为什么有人会花钱，有人不会花钱？这涉及一个问题，那就是我们每个人对钱的态度，你怎样对待钱，钱就怎样对待你。生活中，我们发现身边有很多这样的人，越是

没钱越是忌讳谈钱，越是不屑谈钱，以此彰显自己很清高，宁可受穷，也要坚守自己万事不求人的状态。

可是，当我们在认知上如此“厌恶”钱的时候，钱自然而然也会疏远我们。这是因为很多人不明白一点，那就是“钱”不仅代表着财富，也代表着一种文化。一个人对钱的态度，其实就是这个人生活方式的体现。

到底什么是钱？商业社会，钱并非只是“货币”那么简单，它是社会对人的评价最基本的价值尺度，是人们表达情感的载体，是人们参与世界、改造世界最重要的武器。

为什么这么讲？请问，在商业社会，你很优秀，那要怎样体现你的优秀？是工资或奖金？当我们说某个企业经营得好，是不是说这个企业赚了很多钱？我从来没听说过哪个优秀的公司不赚钱，哪个优秀的员工工资比不优秀的员工低。

“钱”同时也是人们情感的载体，朋友结婚时我们送礼是送“钱”，“钱”多的表示关系近，“钱”少的表明关系远。走亲访友送礼，送的礼物花的“钱”越多，表明对情感越重视。

“钱”还是我们参与社会、改造社会最强大的武器。你想做好事吗？想扶贫吗？想实现自己的梦想吗？最好的方式就是用“钱”来做，没有钱，这些都很难做到。所以，在商业社会，一个有想法的人如果有钱，就是如虎添翼。

现在你还觉得大胆谈“钱”，坦坦荡荡谈“钱”丢人吗？

我觉得，在商业社会，不谈钱是最大的伪善，那些口口声声不谈钱的人忘记了一点，钱是一般等价物。钱本身并没有什么错，你刻意不谈钱，只能说明一点，你觉得钱是低下的。

可钱低下吗？钱并不低下，你把钱想得低下，恰恰说明了自己的低下。

正如“性”一样，食色，性也，谈“性”低下吗？不低下，可很多父母羞于与青春期的子女谈性，羞于让他们坦然面对性，这是谁低下？是子女还是父母？

同样，很多女性喜欢穿得暴露一点儿，女性有罪吗？如果你见女性穿着暴露就觉得人家低下，那到底是谁低下？

所以，我觉得，在商业社会，作为一个创业者，或者你想从消费者转为消费商，你需要做的第一件事，就是大胆谈“赚钱”，这并不低下！可问题是，你真的懂“钱”是什么吗？又真的懂什么是“赚钱”吗？

（1）钱的背后是客户的需求，所以，想赚钱，就要永远做满足客户需求的事。

在商业社会，所有的事都直接或间接地与钱有关。钱是什么？钱是客户的需求，没有需求就没有钱这个词。所以，所谓赚钱，就是满足客户的需求；所谓付钱，就是客户把钱付给他觉得最能够满足他需求的人。

我想告诉你一个社会学秘密，那些羞于谈钱的人其实很自私，因为他们不愿意换位思考。为什么这么说？因为想赚别人钱的人，就要为别人着想，正是因为世界上很多商家想赚我们的钱，我们才能如此轻松容易且幸福地生活。比如在国外，为什么很多人的服务特别好，因为他们想要小费。

所以，我觉得，把你做的任何一件事（当然，家庭与个人私事除外）与钱扯上关系，凡事问问自己如何赚钱，你就会变成一个利他的人，变成一个合作的人，变成一个有品位的人，变成一个讲道德的人。

为什么？因为这样做，并非你道德高尚，而是你想赚别人的钱。

（2）在市场经济下，你能够赚钱是因为你给客户创造了价值。所以，如果你做事与赚钱有关，就是在为他人提供价值；如果你做事与赚钱无关，就只是满足自己的喜好，而不是为他人创造价值。

一个做事以客户价值为标准，以赚钱来利他的人，我们就说他是一个有独立商业人格的人。

要知道，钱是一种价值的交换，世界上绝对没有平白无故付你钱的人，付钱都是有原因的。所以当你把任何事情跟赚钱联系在一起的时候，谁付出代价？谁去付出？答案是：你。

为什么对方会付钱给你，为什么你会赚钱？因为你在付出成本，付出代价。你为什么赚不到钱？因为你不愿意付出。只有给对方想要的，才会得到对方的钱，这叫等价交换，或叫客户价值。

通过服务别人，通过自己的努力赚到钱的人是独立的，谁也不靠，这就是商业人格的核心内容。独立人格是什么意思？就是我的人格是由独立的原则赋予的，不是由哪个人哪件事赋予的。

拥有独立人格的人，不会活在别人的评价里，只会活在自己的原则中。讲一个简单的例子，全世界最富裕的人中，差不多有三分之一是犹太人，犹太民族是世界公认的最会赚钱的民族。

犹太人为什么会赚钱？这与他们的商业理念有关。犹太人认为，赚钱与人无关，与名声无关，只要符合法律，不违法，天下的钱都是一样的，捡垃圾与开花店没有什么不同。同理，对犹太人来说，只要有人来购买，无论是大客户还是小客户，都要做好服务。

所以，他们的足迹遍布世界各地，他们的生意深入每个行业。这就是商业人格，只要自己尊重自己，任何人都无法夺走你的尊严。

那要怎样才能拥有商业人格？回答是绝对成长，把标准放到社会上，你做事只要符合社会的标准，符合客户的标准，剩下的别人爱怎么说就怎么说，因为决定价值的不是你，是社会、是客户。一旦建立起这种标准，你就有了独立的商业人格，有独立的商业人格的人才是自由的人。

这就叫从财务自由走向人格自由！

/ 第七章 /

个人战略：

自由不是随心所欲，而是自我主宰

康德说，所谓自由，不是随心所欲，而是自我主宰。

从北京大学念完博士之后，我加入美国摩托罗拉公司，在新员工培训结束时，老板把我叫到他的办公室，给了我一张表，这张表的名字叫“个人战略”。

我花了差不多一星期的时间来完成这张表，为什么要花这么长时间？因为每天下班前，老板都会把我叫到办公室和我讨论这张表。

到现在我还清晰地记得，每次交流的时候我们都不是空对空讨论，而是把我现在做的工作，以及将要做的工作，放到这张表中对照讨论。

每星期我们部门都有一个“午餐讨论会”，每次我们讨论重大问题出现分歧时，老板就会提醒我们打开“个人战略”，对照着讨论。

这个方法特别好，因为我们发现，当把工作问题与个人战略放在一起讨论时，就会发现很多问题都是自己的问题，很多问题的解决我们都愿意全力投入，因为我们知道，这对自己有好处。

所以，我在摩托罗拉的三年，大多数时间都在加班。在跨国公司加班是要提前申请的，否则就不会有加班费，我却很少申请，因为我知道，这是为我自己加班。

三年后，我离开摩托罗拉到哥伦比亚商学院学习。在那里，我参加了一些跨国公司研究项目，我发现，类似的个人战略规划在很多优秀公司都是员工必备的。

回国后，我创立了一家咨询公司，每年我都要让员工做一次“个人战略”，这是我根据当年摩托罗拉的个人战略规划，做了很多修改提出的。

我讲这样一个历程，是想表达一个意思，那就是“自律”并不是很多人认为的“喊口号”，灌“心灵鸡汤”，而是有一套科学的成长方法论。

从本质上讲，“自律”属于一门个人成长的学科，它既涉及个人层面的知识，如哲学、社会学、心理学，也涉及组织与社会层面的知识，如经济学、管理学、组织行为学，道理很简单，个人的成长既需要奋斗，也需要社会大环境与组织机构的支持。

有一句话讲得很好，时势造英雄。这里的时势，显然就是经济与社会大环境，这就意味着，任何一个人的成功都是大环境的产物。如果没有中国互联网的大发展，那么马云可能只是个中学老师，而马化腾也只是个写代码的程序员。

所以，看一个人的成功必须先看趋势，这是成功的前提，没有超越时代的强者，也没有绝对的成功。而这一讨论过程，就是我们讲的“战略”，战略讲的是“必然性”。

同样是互联网时代，与马云、马化腾同时代的人不计其数，比他们条件好的人同样难以计数，为什么只有马云、马化腾这样的少数人成功了呢？这又要谈到“胜者为王”，以结果论英雄也是有执行逻辑的。

谈到执行，我们更多讲的是个人的主观努力，讲的是行动与技巧策略，讲的是时间的管理与安排，讲的是资源的整合与合作，甚至也会讲到“运气”。这就是为什么讲自律不能不讲“鸡汤”的原因——运气只能用“鸡汤”来支撑。

一句话，“自律”的核心内容是“个人战略”，自律的最高境界，就是让生命进入战略人生。

个人战略：让生命从此进入战略人生

我经常在网上看到这样的评价，我要是有钱，会怎样怎样。意思就是说，我之所以是目前这个样子，是因为我没有钱，如果有钱，就会是另外一个样子，就会过另一种生活。

这个说法可以用下面的公式来说明：

旧我＋财富＝新我

移项后就变成下面的公式：

财富 = 新我 − 旧我

这个公式说明一个道理，那就是，财富的出现是你的“新我”减去过去的“旧我”，“新我”的数值越大，“旧我”的数值越小，财富值越大。

反过来讲，“新我”的数值越小，或者“旧我”的数值太大，财富都会变小，当“旧我”大于“新我”的时候，财富还会是负值！

个人战略的价值，就在于孵化“新我”，做大“新我”，与此同时减少“旧我”。

个 人 战 略

部门：　　职位：　　姓名：　　日期：

我有一个梦想：
个人根本矛盾：
个人信念：

（续表）

未来五年远景（包含家庭远景）：
未来两年目标（包含家庭目标）： 今年的目标： 明年的目标：
今年的行动计划：
合作与放弃：

值得说明的是，这里呈现的“个人战略”模板，是我借鉴摩托罗拉、通用电气公司以及很多优秀公司的个人成长计划，结合中国国情，做了较大的修改与删减才得出的。我主要加入以下内容：

我加入一个新栏目“我有一个梦想”，把这个栏目作为第一项，或者作为战略目标的前提。我觉得，每个人都有梦想，梦想是长期目标，是人生的追求，而五年或两年目标，是中短期规划。

我加入“个人根本矛盾”这一栏，把这一栏作为“个人价值观”的决定因素，这得益于我在北京大学社会学系的学习经历，对中国文化的学习让我懂得，中国人的价值观其实有着很强的时代背景，特别是在社会发展迅速的情况下，每个人都处于“角色失调”或“角色冲突”中，如何在时代背景下解决个人的角色冲突，这才是价值观的意义。

我加入“放弃”一项，社会发展太快的时候，诱惑太多，选择太多，什么都想要，就什么都得不到，战略是一种选择，而“没有放弃就没有选择”！

个人战略的内容主要有这样 6 个部分 :（1）梦想;（2）个人远景与目标;（3）个人根本矛盾;（4）核心价值观;（5）行动计划;（6）需要的资源和必须放弃的方面。

当你无法从一楼蹦到三楼时，不要忘记走楼梯。要记住伟大的成功往往不是一蹴而就的，必须学会分解你的目标，逐步实施。

梦想：得到一个东西最好的办法，是让自己配得上它

“一个人可以非常清贫、困顿、低微，但是不可以没有梦想。

只要有梦想，只要梦想存在一天，就有可能改变自己的处境。”这句话是美国著名电视主持人奥普拉讲的。

中国人可能不太了解奥普拉，在美国，她曾经被媒体称为影响力仅次于“教皇”的人，同时她也是一个从社会底层靠个人奋斗获得成功的典型。

奥普拉出生于黑人单亲家庭，小时候逃学、吸毒，14 岁堕过胎。但是 15 岁之后，她开始认真学习，上了大学，成为美国著名主持人，成立了自己的工作室。她主持的电视谈话节目《奥普拉脱口秀》，平均每星期吸引 3 300 万名观众，并连续 16 年排在同类节目之首，她的个人财富超过 10 亿美元。

对经历过不堪回首的童年、叛逆堕落的少女时代的奥普拉来说，她靠着“一个人可以非常清贫、困顿、低微，但是不可以没有梦想”的信念，实现了从丑小鸭到黑天鹅的美丽蜕变。

为什么一个普普通通的人能够创造奇迹？美国心理学家米哈里·契克森米哈赖提出一个概念“心流”，用来描述“高手”做事的状态。

心流状态是什么样的？当我们处于心流状态时，可能会出现以下四种特征。

（1）自动运转：事情做起来很顺手，不需要多加思考身体就自动发挥应有的技巧。

（2）时间流逝：觉得时间过得特别快。

（3）不觉他物：专注地投入事物，不易察觉到如饥饿或手机震动等感觉与刺激。

（4）感到愉悦：在事情完成后，感受到愉悦、满足、成就感等正向情绪。

其实，考试前的复习，以及考试时的状态，都是这种心流状态。在这种状态下，每个人都感到效率超高，时间过得飞快。如果平时也能这样工作或学习，那么什么事做不成呢？

要达到高手的心流状态，需要两个条件，一个是足够高的目标，另一个是与之相配的技能，如图 7-1 所示。

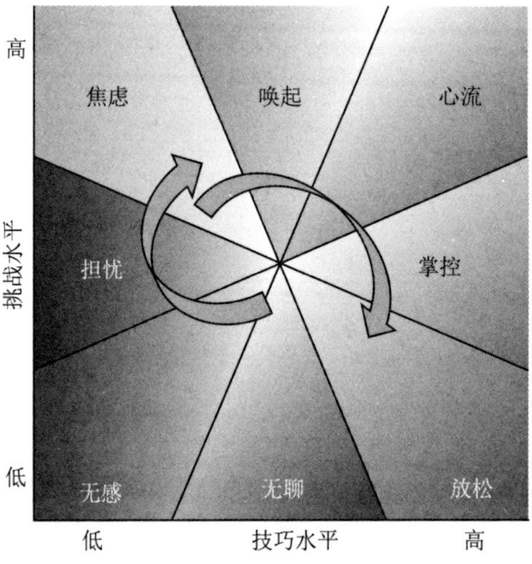

图 7-1　心流形成图

由“心流形成图”我们可以看出，形成心流有一个前提，就是要先提出一个“有挑战水平的梦想”，让人感到焦虑，然后把梦想变成可以实现的目标，让心理状态从焦虑转为担忧，从而唤起对能力提高的要求。

当能力水平与梦想匹配时，就会进入“心流”状态。个人战略就是“心流”形成路径的一个规划，而有挑战性的梦想，是个人战略的第一步。

如果没有梦想也没有目标，人就会进入“无感”状态，米哈里·契克森米哈赖一针见血地指出，无所事事的时候，心灵无法遏制消极念头的产生，这是意识失去焦点之后必然进入的混乱状态。

每一株小草都有钻出泥土的梦想；每一粒种子都有长成参天大树的梦想；每一只蝴蝶都有破茧飞向天空的梦想；每个人都有绽放生命的梦想……大胆地把自己的梦想写下来，让自己因梦想而“焦虑”，摆脱没有梦想又没有能力的“无感”或“无聊”状态。

那么如何制订合适的梦想呢？你需要问清楚自己两个问题。

第一，我是谁？我想成为谁？现在的我并不代表未来，未来的我取决于现在的规划。美国著名洛杉矶水晶大教堂的筹建人罗伯特·舒乐博士说：“如果有梦想，你就能实现。”

第二，来到这个世界上，我到底想要什么？找到自己热爱的事业，才能让自己不断前行。苹果创始人史蒂夫·乔布斯说："我坚信让我不断前行的唯一力量就是我热爱我所做的一切。所以，你们一定要知道自己喜欢什么。"

记住一句话：梦想是自己的，评价是别人的。

五年愿景，两年目标：脚踏实地

梦想是好的，但离实现太远，愿景与目标就是把梦想变成现实的路径。

一般来看，以五年为一个愿景周期，从个人命运转变来讲，五年足以让一个人完成人生的重大转变。以两年为一个目标周期，从行动的角度来看，两年目标就是很现实的行动规划。

如何规划五年愿景？管理大师德鲁克说过，愿景或目标应该从"我们的事业是什么？我们的事业将是什么？我们的事业应该是什么？"这三个基本问题的答案中得出。

无论我们现在做什么，都要考虑"将来"，更要考虑"应该"，"将来"是趋势与环境，而"应该"是自己的特点，是自己适合做什么，这就是愿景或目标的三大要素。

第一个要素是时代趋势。个人的成功很大程度上是时代趋势带来的，五年愿景一定要与时代趋势结合，做与时代趋势相符的事，这样更容易做成大事。

比如1982年出生的胡玮炜，2004年毕业于浙江大学新闻系，之后成为一名汽车记者，2015年1月他创办了北京摩拜科技有限公司，从事共享单车服务。2016年，摩拜单车正式上线，并在上海、北京开始运营。2018年4月4日，摩拜被美团以27亿美元收购，距离它创立还不到3年，胡玮炜从中获得的个人财富超过10亿元人民币。

从这个例子中我们看到了什么？3年前的一名汽车记者，3年后就成了个人财富超过10亿元的创业者，这说明了什么？

说明每个人的愿望要与时代趋势结合，因为这是一个大变革的时代，变革的时代每天都有奇迹发生，你要想成为奇迹的一部分，就要紧紧拥抱时代，与时代同行。

第二个要素是所处的环境。时代趋势是大趋势，与你个人有什么关系？这是做愿景时要考虑的问题，比如创立摩拜的胡玮炜，做的是汽车记者，这就使得她有大量汽车方面的资源与人脉，共享单车本质上还是“车”，这样，她就可以将拥有的资源转化。

完全的“白手起家”是不存在的，所有的成功都是有形资源与无形资源的转化，特别是无形资源更重要，而大量的无形资源就是在工作中产生的，所以，在规划愿景时要分析自己所处的环境。

第三个要素是要分析自己的特点。外界的要素只能起到辅助作用，真正起决定作用的是个人的强烈动机和兴趣爱好。有那么多从事汽车报道的记者，为什么偏偏是胡玮炜创立了摩拜？关键的因素是胡玮炜具有创业精神与行动能力。

两年目标与五年愿景不同，两年拆开来看，就是今年与明年，所以，两年目标体现的是，今年所做的一切在明年会有什么结果。这就要求两年目标基本上是实实在在、可以看得见的结果。

所以，两年目标考虑的要素，是如何实实在在地把梦想、愿景变成现实，而要做到这一点，就需要考虑两个问题。

第一个是组织提供的发展空间。每个人的发展都离不开社会化的组织体系，没有组织的力量，个人是很渺小的。这就是我们常说的，“没有强大的个人，只有强大的团队”，个人要想做一番事业，必须借助团队的力量。

第二个是化整为零。把梦想与愿景落实到第一年与第二年，一开始不要把目标定得太高，逐步推进。俗话说得好，“十鸟在林，不如一鸟在手”。特别是第一年，良好的开端是成功的一半，把第一年前两个季度的目标做踏实了，就有了起飞的信心与基础。

个人根本矛盾与价值观

根本矛盾是个人战略的核心，所有的行为都要围绕根本矛盾展开，一旦能够解决这个根本矛盾，个人就能获得突破。

我自己创立公司、做个人战略规划时，就是这样定义自己的根本矛盾的：学者和商人之间的矛盾。

这个矛盾我觉得抓得很准，我从小学到博士，再到美国学习，在学校的时间超过20年，这就意味着我身上的“学校味儿”很重，而且多年的学习研究经历让我的思维方式固化了。

但创立公司之后，我不再是一个学者，也不是在学校工作，而是一家公司的创始人。公司创立的唯一价值就是赚钱盈利，这就要求我首先是一个商人，一个能够把资源和知识转化为财富的创业者。

有了这样一个根本矛盾的定义，我给自己树立这样的价值观：客户价值，结果导向，商业人格。

这三个价值观应当说完全是针对我个人身上的“学校味儿”设定的。学校出来的学生或老师，最大的问题就是不懂得客户价值，思考问题以“自我”为中心，以“逻辑”为标准。做事的过程中，过多追求过程而不是结果，没有结果思维。

而这一切的根源是没有商业人格，也就是不按商业逻辑行事，不懂在商就要言商，不懂得“赚钱”其实体现的是对市场规律的遵从。所以，既要敢于谈产品质量、谈客户价值，也要敢于谈钱、谈回报。

理论上讲，所谓成功其实都不过是某种经济活动规律的代表，就像所有的硬币扔到空中掉下来，按照概率总会有一半是正面朝上，另一半是反面朝上，这是有规律的。所有的考试，都有一个大致的及格率与录取率，总有一部分人会通过考试被录取。

但从个人角度看，这个通过考试被录取的人是不是我？这会完全改变个人的命运。问题是作为个人，如何才能成为那个通过考试被录取的一员？

根本矛盾与价值观解决的就是这样一个矛盾，那么要如何解决？

既然成功是有规律的，那么为什么成功的不是你？因为你没有按照市场规律与游戏规则行事，只要你按照这个规律与游戏规则行事，你成功的可能性就会增大。

“年度行动计划”

“年度行动计划”是整个规划中唯一可操作的部分，也是规划中需要花最多时间来完成的部分，因为它不是一个计划，它是你在新的一年将会收获的结果。

很多人做计划时沉浸在“完美主义”的想象中，什么都想要，什么都想做，生怕少写了错过这一年的好事。他们忘记了一个基本的执行逻辑：追求完美的结果最终将不得不放弃！

这就是很多人的计划只是一时热情，很少能够完成的原因，因为他们的计划不是为“执行”而做的，是为了给别人看，或者给自己看，结果只能是“骗人骗己”。

那么，一个“可执行”的计划与不可执行的计划，差别在哪儿？

第一，能够执行到位的计划，做的是“结果”计划，不是目标计划。

所谓目标计划，就是写出“目标”，比如今年做到多少销售额，今年赚多少钱，今年减肥多少斤，这些都是目标计划。

那什么是“结果”计划？多少销售额，这是目标，做到这些销售额才是结果。赚多少钱是目标，赚到这些钱才是结果。减肥多少斤是目标，实际减了多少斤才是结果。

也就是说，目标计划的核心在于“目标”，而结果计划的核心在于“结果”，在于做到。结果与目标最大的不同，就在于结果需要有出处（谁给你结果），需要你提供价值来交换（你贡献了什么价值才能值这些结果），需要有交易规则（市场认可这些价值吗？）。

举个例子，如果你是销售员，今年的销售目标是 1 000 万元，那么“结果”计划就要这样做：

- 1 000 万元至少需要多少客户？——结果是需要有出处的。
- 我为这 1 000 万元的客户做了什么？——你创造了什么价值才能值这些结果？

- 客户为什么要买单？如果客户不买单怎么办？——市场认可这些价值吗？

第二，能够执行到位的计划，做的是“步步为营的里程碑”计划，不是“一夜暴富”的计划。

路是一步一步走出来的，1 700 公里的路程，分成 71 个 24 公里，每天走 24 公里，走 71 天，一个 54 岁的人就能从北京走到杭州。

这是一个真实的故事，2015 年，来自英国的 54 岁勋爵麦克 · 贝茨，为纪念世界反法西斯战争胜利 70 周年，穿着印有“为和平徒步”的蓝色 T 恤，从北京一路徒步到杭州。

麦克 · 贝茨是英国政坛上一位重要人物，他在 1992 年被选为英国国会下议院议员，2006 年被任命为保守党副主席，2014 年出任英国内政部大臣。从 2011 年开始，他为宣传世界和平从希腊奥林匹克村出发，用时 10 个月徒步 4 662 公里走到伦敦，算上杭州这次，他已走过 18 个国家，行程超过 8 000 公里。

8 000 公里是什么概念？如果一开始就说走 8 000 公里，相信很多人都会被吓坏，但如果把 8 000 公里分成很多段，每一段就是一个城市，每天走一小段，那么每个人都能做到。

麦克 · 贝茨就是这样说的：“如果你们觉得我了不起，你们就错了。5 年前我很少走路，到很近的地方去都要打车，徒步并不能说明我多么伟大。如果你真想做好一件事，真想追寻你的梦想，那么你一定也可以做到！”

所以，任何伟大的成就，都是一件件小事积累而来的。反过来讲，要做一件伟大的事，就要把这件事分解成几个容易处理的小事，每天进步一点点，持之以恒，一定可以成功。

第三，能够执行到位的计划，做的是“时间节点奖励”计划。

任何事情都是花费时间做出来的，管理时间才是自我管理的核心，为每件事设定时间表。缺少具体时间和最后期限，所有工作可能都无法按时完成，有些任务甚至永远都完不成了。

年度计划是以季度和月份为单位做出规划，但你不可能把一年的所有行动，特别是后半年的行动提前规划出来。所以，个人战略的行动计划最重要的是第一季度，把第一季度规划好，执行到位，后面就简单了。

规划时间有以下几个要点。

（1）无论是什么事项，一定要定下奖惩措施，做好了要给自己一个奖励，做不好要给自己一个处罚。要设置第三方检查，一定要找一个“铁面无私”的朋友或师长来做检查奖惩人。大家都认真，这个世界就简单了。

（2）无论是什么事项，一定要设置底线时间，也就是完不成这件事就要受到惩罚的时间。

（3）无论是什么事项，一定要预留一些机动时间，这样的好处是能够从容地把事情做好，同时有时间做总结和提高。

（4）一定要有“策略性休息”的时间，每天有机动时间可以休息，每个月可以有几天是假期，每个季度每年有多少天可以安排休息、旅游或娱乐，懂得暂停，才懂得冲刺。

懂得合作学会放弃

个人战略最后一部分内容包括两大要素：一是寻找资源支持，二是学会放弃。我认为这是个人战略中最重要的部分，个人战略能否落地，能否真正实现，这一部分的内容很重要。

这是一个真实的故事，有一个叫罗伯特·克里斯托弗的美国人，想用 80 美元环游世界，他坚信自己能实现这一愿望。

那么，罗伯特是如何做的呢？我们先看他为环游世界所做的准备：

（1）设法领取一份可以上船当海员的文件。

（2）去警署申领无犯罪记录证明。

（3）取得基督教青年会会籍。

（4）考取国际驾驶执照，找来一套世界地图。

（5）与一家大公司签订合同，为之提供所经国家和地区的土壤样品。

（6）同一家航空公司签订协议，可免费搭机，但要拍摄照片为公司做宣传。

当罗伯特完成上述准备后，年仅26岁的他在口袋里装好80美元，然后兴致勃勃地开始了自己的旅行。以下是他旅行的一些经历。

（1）在加拿大巴芬岛的一个小镇用早餐，他分文未付，条件是给厨师拍照。

（2）在爱尔兰，花4.80美元买了4条香烟，从巴黎到达维也纳，费用是送船长一条香烟。

（3）从维也纳到瑞士，列车穿山越岭，只需要4包香烟。

（4）给伊拉克一家运输公司的经理和职员摄影，报酬是免费到达伊朗的德黑兰。

（5）在泰国，由于提供给酒店老板某一地区的资料，受到酒店贵宾式的接待。

……

通过为达到目标而设置一系列巧妙的计划，最终，罗伯特实现了他用80美元环游世界的梦想。

罗伯特·克里斯托弗在这里实现了一个似乎不可能实现的目

标，很重要的一点就是，他不是把结果仅仅定义在自己的能力上，而是把结果定义在与他人的合作上。

对于大部分目标来说，靠自己的力量大多是不可能完成的，但超越自己，借力打力，我们就可以创造奇迹！

所以，在做个人战略时，一定要寻找可以合作的资源，下面三点是合作中最重要的方法。

第一，问自己“为什么”——为什么要实现愿景与目标？搞清实现目标的价值，是与任何人合作的起点。如果你自己没有价值，是不可能有人与你合作的。

比如，罗伯特为什么能够与一家大公司签订合同，为之提供所经国家和地区的土壤样品？为什么会有航空公司与他签订协议，只要他拍摄照片为公司做宣传，就可以免费搭机？当罗伯特能够做到这些的时候，你就会发现，罗伯特不再是仅有 80 美元，他的“80 美元环游世界”这一行为本身就值很多钱。

第二，搞清楚自己想要什么，周围的人需要什么。然后通过满足他人的需求来实现与他人的合作，进而实现自己的目标。

比如，罗伯特为什么会买 4 条香烟？因为他知道船员最需要的就是香烟，用香烟才能完成坐船的合作。

第三，主动寻找资源，资源在哪里？重要的人在哪里，资源就在那里。所以，要有意识地多接触与自己目标相关的“重要人士”。

有一句话说得好，“战略就是选择，选择就是放弃”。选择很容易，但如果没有放弃，就没有真正的选择。我曾经看过一个故事，一个小伙子各方面的条件都非常好，很讨女孩子喜欢，身边也有很多优秀的女孩子，他谈了很多次恋爱，但快 40 岁了还没有结婚。

他非常郁闷，就去找心理医生。医生听完后，约他周末去郊外，把他带到海边，让他顺着海边往前走，不许回头，然后捡一个最大的贝壳回来。

可是，他回来的时候却两手空空，因为他一开始觉得后面一定有大贝壳，就没有捡，而到后面，他发现还不如前面的，干脆就不捡了。

医生告诉他，这就是他没结婚的原因。无论你选择哪个贝壳，都得果断放弃其他贝壳，不放弃就不会有真正的选择，即使选择了，心也会不安，这就是为什么很多婚姻走不长。

人生没有回头路，要想成为猛虎，就要选择森林放弃公园；要想成为雄鹰，就要选择天空放弃屋檐；要想成为鲸鱼，就要选择大海放弃湖泊。

佛家认为，舍就是得，得就是舍；道家认为，舍就是无为，得就是有为，所谓“无为而无不为”；儒家认为，舍恶以得仁，舍欲而得圣。放弃比选择更需要勇气，很多人都在取舍间浪费了宝贵的时间和机会。

君不见“一套房”就把很多人的一生锁定了，“得”有时候未必意味着真的“得到”，反而是失去了生命中最宝贵的东西，那就是走出去见识更大的世界。

那么，选择的标准是什么？

第一，选择时代趋势。世界潮流浩浩荡荡，是生意越来越难做了，还是我们离市场太远了？是客户要求越来越高了，还是我们已经跟不上时代了？计算机出现了，算盘就消失了；数码相机出现了，胶卷就没落了；微信出现了，短信就受到冷落了。选择与时俱进，放弃暂时的利益，这是战略体现。

第二，选择市场与客户。市场的增长点在哪里，未来客户最多的地方在哪里，你的选择就应当在哪里。

第三，选择与自己的兴趣爱好相符的职业和事业。人不为别人活着，人为自己活着，所以，不要活在别人的世界里，而要活在自己的生命中。在时代的趋势中，尽量选择自己喜欢的领域和事业，只有从中感受到幸福，你才有足够的动力坚持下去。

个人战略的价值：追求人生的绝对成长

为什么要做个人战略规划？原因是你不需要跟我一样，也不需要跟别人一样，你必须建立起自己的独立人格。

那么，你如何回答这个问题：“你是谁？”答案是，你的个人战略是什么，你就是谁。

所以，个人战略说复杂很复杂，说简单也简单。说复杂，是因为战略是回应人生的终极意义的。简单点儿说，个人战略就是一句话：选择什么，你就是什么。

有句话说得好，“使我痛苦者，必使我强大”。什么使你痛苦？根本矛盾！什么使你强大？愿景目标、价值观以及行动，这就是个人战略。

在个人战略之下，每个人追求的是绝对成长，“绝对成长”这个词是我提出来的，“绝对成长”是什么意思？就是跳出小圈子，把自己放到社会背景中，按社会的标准来看自己的成长，这就是绝对成长！

“绝对成长”是针对“相对成长”而言的。比如，在大学的班级或公司的团队中，如果我比周围的人差，就会感到很郁闷，就会想办法比周围人更强。在日常消费中这种情况最明显，看到别人用的手机比自己的好就受不了，一定要借钱买个更好的手机。

像这样把比较的标准放在周围人身上，从周围人的强弱中找胜负，这种方式也会带来成长，但这种成长叫“相对成长”。

追求“绝对成长”的人就不这么看，即使周围的同事都比我强，但只要我做的一切从时代的标准看是进步的，我就不会在意周围同事说什么，我会按自己的路走下去！

更重要的是，即使我在这儿做得很好，只要我发现我所做的按时代标准来看并没有什么进步，我也会赶紧离开，无论这家公司给我多好的待遇，老板对我有多好！

同样，哪怕周围人用的手机、开的车、买的房都比我好，只要我觉得自己的手机够用、车够开、租来的房够住，我就一定会把钱用到更有价值的地方，而不是随波逐流，别人做什么我就做什么！

这就是我们要追求的“绝对成长”！绝对不与内部的人比，只与外面的人比，只与自己的过去比。成长的速度超过外面的人，超过自己的过去，才是成长，否则就是相对成长或假成长！

个人战略的意义就在这里，追求与社会共成长，会让个人的内心获得一种安宁。为什么会安宁？因为你获得了绝对成长。

人为什么很浮躁？为什么很焦虑？为什么做事没有耐心、心里不安宁？如果我们在内心里总觉得你多了、我少了，你好了、我差了……接下来会怎么样？接下来，我就要跟你“干仗”。

个人战略就是针对这种状态而言的。个人战略做出来如果不能让个人的内心获得安宁，这个东西就不是战略！

也就是说，处于“个人绝对成长状态”中，一个最重要的标志，就是当你把个人战略做出来之后，内心会特别安宁——哪怕让你痛苦三年你都愿意！

比如，有人辞职去上工商管理硕士课程，或者上三年研究生，那么，上工商管理硕士课程、上研究生的时候会怎么样？会没有钱，会没有工作，但会难受吗？不会！考研是个人规划过的，是经过考虑的，而且在规划的时候，你就知道这几年是要吃苦的。而为什么愿意吃苦，就是因为三年之后你会比同龄人强。

往前一点儿说，你上三年高中之后要上大学，而有人却不上大学。显然，上大学的人要交学费，而不上大学的人就可以挣钱了。可是，你为什么不难受？你想过没有，这就是个人战略。你选择了上大学，而我选择了工作。为什么你选择了上大学会获得安宁？因为你获得了绝对成长。

所以，请大家记住，我们做个人战略时，做得如何标准非常清楚——如果一个战略做出来之后不能让自己获得内心的安宁，不能让你心态平和地把一件事做两年，不能让你遇到问题时可以回到这个战略上来，这个战略就是错的，就不是战略！

“战略”是个很崇高的词。如果战略都不能帮助我们解决问题，那么还有什么可以帮助我们解决问题？

是的，只有战略才可以解释一个人的行为和行为的终极意义。

个人战略会让一个人的内心在未来的两三年里非常平和，无论别人怎么讲，无论别人怎么对待你。因为，有战略在支撑你，你根本不在乎别人怎么打击你。甚至你帮助别人也不指望他会回报——你帮助别人就是你的战略，你的战略就是要让你学会帮助别人，而别人可以回报也可以不回报。

那么，什么样的成长不叫战略成长？或者什么样的成长不能让人内心平和？那就是“相对成长”。

我帮了你，你就要回报我，不回报，我就恨你，这就是“相对”。可是，你说这有什么不对吗？帮助人不需要回报？那我为什么帮你呢？没有战略的人就会这样想，这样想永远都得不到安宁。在任何一个集体中，有谁能够把每件事情都做得绝对公平呢？付出就有回报，谁能做到？没有人能做到。

我们能做到的是保证长周期的公平，因为时间长了，总体上回报就公平了。你帮助我，我当时没有回报你，可我知道，我心里会记着，下次你有困难我也会帮你。

很多人帮助别人时有一种放债的心态，就像债务一样，我帮了你，你立马就要还，不还就要出问题。而个人战略的好处就在这里，战略指导你的一切行为，让你一切行为的出发点都源于战略，从而让你摆脱对一时一事的反应。

所以，只有战略才可以解释个人行为以及行为的终极意义。

为什么有些看起来“弱小”的人实际很强大？而有些表面强大的人实际上却很软弱？

内在的强大来自战略思考的强大，“我有我的标准”，这个标准是我做个人战略时认真思考出来的，不是一时冲动做出来的，这就是个人战略的力量。

据说，有几个学生曾向苏格拉底请教人生的真谛。苏格拉底把他们带到一片果林旁边，吩咐他们说："你们各自顺着一行果树，从林子这头走到那头，每人摘一枚自己认为最大最好的果子。不许走回头路，不许做第二次选择。"

学生们按照苏格拉底的要求出发了，他们都十分认真地做着选择。当他们到达果林的另一端时，老师已经在那里等着他们了。

苏格拉底问："你们是不是都摘到自己满意的果子了？"

一个学生回答："老师，让我再选择一次吧。我走进果林之后就发现了一个很大很好的果子，但是我怕后边还有更大更好的，就没有摘。但是当我走到林子的尽头时，才发现第一次看见的那枚果子就是最大最好的。"

苏格拉底摇摇头说："孩子们，人生就是如此，没有第二次选择。"

是的，人生没有第二次选择，这就是我们要做个人战略的原因，我们必须让自己的身体有灵魂！